Uwe Bör
Moderieren

Uwe Böning
unter Mitarbeit von Stefan Oefner-Py

Moderieren mit System

Besprechungen effizient steuern

GABLER

CIP-Titelaufnahme der Deutschen Bibliothek

Böning, Uwe:
Moderieren mit System: Besprechungen effizient steuern /
Uwe Böning. Unter Mitarb. von Stefan Oefner-Py. – Wiesbaden:
Gabler, 1991
ISBN 3-409-19152-6

Der Gabler Verlag ist ein Unternehmen der Verlagsgruppe Bertelsmann International.

© Betriebwirtschaftlicher Verlag Dr. Th. Gabler GmbH, Wiesbaden 1991
Lektorat: Ulrike M. Vetter

Das Werk einschließlich aller seiner Teile ist urheberrechtlich geschützt. Jede Verwertung außerhalb der engen Grenzen des Urheberrechtsgesetzes ist ohne Zustimmung des Verlages unzulässig und strafbar. Das gilt insbesondere für Vervielfältigungen, Übersetzungen, Mikroverfilmungen und die Einspeicherung und Verarbeitung in elektronischen Systemen.

Umschlaggestaltung: Schrimpf und Partner, Wiesbaden
Satz: Satztechnik, Taunusstein
Druck: Wilhelm & Adam, Heusenstamm
Buchbinder: Osswald + Co., Neustadt/Weinstr.
Printed in Germany

ISBN 3-409-19152-6

Vorwort

Es gibt nützliche Bücher; es gibt überflüssige Bücher.

Was für eins ist das vorliegende?

Natürlich ein nützliches! Und nicht nur, weil der Autor das gerne so hätte, sondern weil es ein praktisches Buch ist, dessen Inhalte sich in der Praxis vielfältig bewährt haben.

Es ist ein Buch, das langsam entstand. Sozusagen fast als zwangsläufiges Ergebnis meiner Beratungs- und Trainingstätigkeit mit Führungskräften in Seminaren und im Tagesgeschäft von Firmen.

Alle beschriebenen Inhalte sind in der Praxis oft durchgeführt und im Laufe der Zeit immer wieder den einzelnen Situationen angepaßt und entsprechend modifiziert worden.

Daraus läßt sich leicht erkennen, daß nicht alles neu ist, was hier zu lesen ist. Wir wollen klar sagen, daß über das Thema Besprechungsleitung und das Thema Moderation natürlich schon andere Bücher veröffentlicht wurden. Im Thema besteht also nicht das Neue. Das Besondere des Buches besteht in seiner integrativen Sichtweise, in der praxisbewährten Darstellung, in der Kombination der Inhalte und in dem weniger technisch als vielmehr prozeß- und kommunikationsorientierten Grundverständnis. Außerdem stehen die vielen konkreten Handlungsanleitungen und praktischen Hinweise im Vordergrund.

Wir glauben, daß Führungskräfte eine Hilfe durch das Buch bekommen, weil viele Führungskräfte mit den dargestellten Inhalten und Methoden gearbeitet haben: in Seminaren, in Workshops, in Alltagsbesprechungen, selbst in Vorstandssitzungen, in Kreativitätssitzungen, in Problemlöse- und Krisenbesprechungen, in der ganz normalen Projektarbeit.

Wir wissen auch, wie schwierig die Umsetzung von Seminarwissen in die tägliche Unternehmenswirklichkeit ist. Deshalb haben wir Wert darauf gelegt, gerade etwas für die Führungskräfte und Mitarbeiter in ihren typischen täglichen Arbeitssituationen zu schreiben.

Natürlich hat die Moderationsmethode viele Väter und Mütter: Zum Beispiel Wolfgang und Eberhard Schnelle von Metaplan und Karin Klebert, Einhard Schrader und Walter G. Straub von ComTeam sollten erwähnt werden, neben Thomas Gordon und einigen anderen.

Aber auch Eltern werden älter, und die Kinder finden ihre eigene Sprache. Sie entwickeln sie weiter aufgrund von Erfahrungen und gestalten etwas Neues, was selbstverständlich auf dem Alten aufbaut. So ist es (Gott sei Dank) immer wieder möglich, daß Führungskräfte trotz ihrer schon vorhandenen Erfahrung mit der Moderationsmethode immer noch etwas Neues über die Moderation lernen. (So sagen sie es zumindest. Und als Berater und Trainer ist man ja so dankbar über jede Anerkennung...)

Wir von BÖNING-TEAM arbeiten oft in der dargestellten Weise in Seminaren, Workshops, normalen Arbeitssituationen und Krisenbesprechungen direkt in Unternehmen. Aus diesem Grund haben wir auch Anregungen anderer Trainerkollegen, von vielen Führungskräften und von Kollegen bei uns im Team aufgenommen.

Wir haben etwas gemixt, was Ihnen hoffentlich bekommt.

Und da es um ein scheinbar einfaches Thema geht, möchten wir einen Spruch, ja eine beschwörende Aufforderung an dieser Stelle wiederholen: Eine schöne Chinesin kündigte die artistischen Darbietungen in André Hellers chinesischem Zirkusprogramm an und sagte vor jeder einfachen und auch jeder atemberaubenden Vorführung:

„Möge die Übung gelingen."

Frankfurt, im September 1990

Uwe Böning
Stefan Oefner-Py

Inhalt

Vorwort 5

Einführung 9

1. Ziele und Zwecke der Moderation 13
    1.1 Theorie und Praxis 13
    1.2 Splitter der Moderationsphilosophie: Die Welt der Ideale 17
    1.3 Eine gut moderierte Besprechung:
        Voraussetzungen und Ergebnisse 21

2. Der Moderator 27
    2.1 Haltung und Verhalten gegen Zurückhaltung:
        Anforderungsprofil für Moderatoren...29
    2.2 Kleines ABC der Kommunikationspsychologie 35
        2.2.1 Was man alles sagt, wenn man etwas sagt 35
        2.2.2 Kommunikationsstörungen...43
        2.2.3 Kommunikationsregeln für den Moderator
    2.3 Angst, Unsicherheit und Erfolg:
        Zur Selbststeuerung des Moderators 51
        2.3.1 Der Aktivist 53
        2.3.2 Der Zurückhaltende 57

3. Aspekte der Gruppendynamik 63
    3.1 Die Gruppe im dynamischen Prozeß 64
    3.2 Chancen und Risiken der Gruppenarbeit 66
    3.3 Spiele, Positionen und Rollen in der Gruppe 69
        3.3.1 Warum Teams häufig versagen 69
        3.3.2 Gruppenpositionen: „Stabile" Rollen durch „fixierte"
              Verhaltensgewohnheiten 71
        3.3.3 Umgang mit verschiedenen Rollen: Tips für Typen 74
    3.4 Rahmenbedingungen für die Gruppenarbeit 82
    3.5 Checklisten für die Gruppenarbeit 85

4. Basistechniken der Moderation: Variabel visualisieren 87
    4.1 Einführung 88
    4.2 Die Präsentation 95

    4.2.1 Umgang mit Flipcharts 101
    4.2.2 Umgang mit Pinboards 103
    4.2.3 Umgang mit Overheadfolien 105
    4.2.4 Umgang mit Handouts 112
4.3 Abfrage-Techniken 113
    4.3.1 Punkt-Abfragen 115
    4.3.2 Zuruf-Abfragen 122
    4.3.3 Karten-Abfragen 123

5. Zielgerichtete Prozeßsteuerung 127

5.1 Vorbereitung 130
5.2 Anregung 136
    5.2.1 Kennenlernen, Kaffee, Kekse 137
    5.2.2 In Bewegung setzen 143
5.3 Orientierung 146
    5.3.1 Bei vorstrukturierten Problemen 147
    5.3.2 Bei gering strukturierten Problemen 150
5.4 Die Arbeitsphase 155
    5.4.1 Problemlösungs- und Entscheidungsprozesse 156
    5.4.2 Kreative Such- und Strukturierungsprozesse
          bei Problemlösungsgesprächen 156
    5.4.3 Exkurs: Kleingruppen-Szenarien 165
    5.4.4 Exkurs: Großgruppenmoderation 169
5.5 Verabschiedung 175
5.6 Nachbereitung 177
    5.6.1 Dokumentation
    5.6.2 Analyse der Ergebnisse 178

6. Praktische Anwendung:
Beispiele erfolgreicher Moderationen 183

6.1 Moderation eines Moderationstrainings 184
6.2 Die Moderation am Beginn einer Krisensitzung 195
6.3 Weiterbildung: Ein Plenum mehrerer interdisziplinärer
    Arbeitsgruppen 199
6.4 Theorie und Praxis: Ein Wort zum Abschluß 207

Anmerkungen 211
Literaturverzeichnis 213
Abbildungsverzeichnis 215

Einführung

„Moderieren mit System" ist eine Erfordernis des kooperativen Führungsstils und eine wichtige Vorgehensweise zur Steigerung der Effektivität und Effizienz von Besprechungen. Auch die langfristige Steuerung von Arbeitsgruppen, ihrer Motivation und ihrer Problemlösefähigkeit gehören hierher.

„Moderieren mit System" geht auf den Wertewandel ein, der den mitdenkenden, kompetenten und kooperationsfähigen Mitarbeiter sowohl voraussetzt, wie fordert, wie fördert.

Bekanntermaßen sind die Zeiten vorbei, in denen fachliche Kompetenz allein ausreichte, um Führungs- und Leitungsaufgaben wahrzunehmen. Effiziente und erfolgreiche Arbeit setzt immer mehr Abstimmungsprozesse zwischen Menschen, zwischen Abteilungen, zwischen Firmen, zwischen Firmen und Öffentlichkeit und viele andere mehr voraus: An Besprechungen, Tagungen, Workshops, Seminaren, Problemlösesitzungen, kurz, an „Meetings" kommt man nicht mehr vorbei. Also ist es wichtig, über verschiedene Strategien und Techniken zu verfügen, um diese „Meetings" wirklich erfolgreich machen zu können. Zumal Besprechungen faktisch einen Großteil der Arbeitszeit von Führungskräften beanspruchen. (Manche Führungskräfte sind kaum noch telefonisch zu erreichen, weil sie immer gerade in einer Besprechung sind.)

Außerdem stellen Besprechungen einerseits so etwas wie einen Transmissionsriemen und andererseits so etwas wie ein „Symptom" der jeweiligen Unternehmenskultur dar. Am Ablauf und an der Atmosphäre in Besprechungen, Sitzungen oder ähnlichem kann man sehr viel (über die konkreten Teilnehmer hinaus) bezüglich der herrschenden Kultur im Unternehmen insgesamt wahrnehmen.

Besprechungen vermitteln wegen ihrer Häufigkeit aber nicht nur etwas über die herrschende Kultur in einzelnen Bereichen oder im Unternehmen insgesamt, sondern sie sind auch ein geeigneter Ansatzpunkt für die positive Veränderung des Führungsstils und der Kultur im Hause! Wer die Besprechungen verändert, verändert die Kommunikation. Wer die Kommunikation verbessert, verbessert Abläufe und Menschen. Wer Abläufe und Menschen verbessert, optimiert das Ergebnis des Unternehmens.

Der Manager von morgen wird ...	Personal- und Weiter- bildungschefs	Personal- berater
... mehr als heute die Unternehmenskultur pflegen müssen	97	92
... mehr Wert auf Spaß bei der Arbeit legen	87	85
... vermehrt eine Frau sein	84	81
... gewisse Fähigkeiten eines TV-Moderators haben müssen, weil er die Unternehmenspolitik einer sehr kritischen Öffentlichkeit wirksam „verkaufen" muß	79	70
... mehr Charisma haben müssen	63	81
... bei seinen Leuten beliebter sein müssen	58	57
... nur für eine begrenzte Lebensspanne Manager sein	56	62
... vermehrt zum Aussteiger	46	40
... seinen Leuten mehr als heute privat zur Seite stehen	43	48
... mehr Politiker als Geschäftsmann sein	42	23
... bei seiner Karriere auf die Zustimmung seiner Mitarbeiter angewiesen sein	38	38
... Statussymbolen weniger Bedeutung zumessen	37	22
... mehr Ausbildung in folgenden Punkten brauchen: – vermehrtes Training sozialer Fähigkeiten – mehr Schulung in Rhetorik, Verhandlungs- geschick ... – mehr Allgemeinbildung, weniger Fachwissen – mehr Rollenspiele, Psychodrama ... schon während der beruflichen Ausbildung – mehr Sport, Fitneß, Training von Entspannungstechniken	33 27 16 12 11	31 23 16 17 13

Abbildung 0-1: Einschätzung von Experten zum Erscheinungsbild des „Managers von morgen"

Quelle: Weber, D., Der Chef als Coach, in: Management Wissen 10/1986, S.21. Die Zahlen sind Ergebnisse einer Umfrage der Zeitschrift unter 170 Personal- und Weiterbildungschefs aus Unternehmen, Personalberatern und Managementtrainern

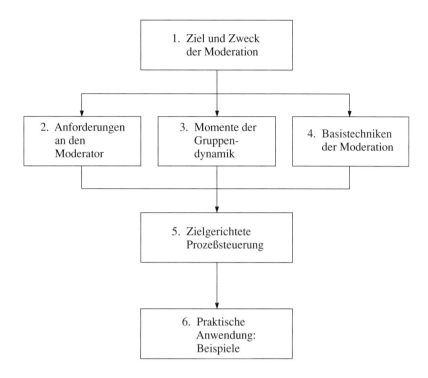

Abbildung 0-2: Gedankenflußplan des Buches

In diesem Sinne sind wohl auch einige Ergebnisse einer Umfrage der Zeitschrift „Management Wissen" aus dem Jahre 1986 zu verstehen. In dieser Umfrage unter Personal- und Weiterbildungs-Chefs und Personalberatern zeigten sich einige Entwicklungstrends, die den „Manager von morgen" kennzeichnen. Die im vorliegenden Zusammenhang interessanten Punkte dabei sind in Abbildung 0-1 wiedergegeben.

Es wird deutlich, daß unter anderem die Kommunikationsfähigkeiten der Führungskräfte, ihr (in Teilen) partnerschaftlich getöntes Verhältnis zu den Mitarbeitern, ihre Moderationsfähigkeiten und ihre bewußte Gestaltung der Unternehmenskultur immer wichtiger werden. Es wird aber auch deutlich, wie wichtig und groß der Schulungs- und Weiterbildungsbedarf der Führungskräfte ist: Der Ausbildungsbedarf bezieht sich offensichtlich nicht nur auf allgemeine soziale Fähigkeiten, auf Rhetorik und Verhandlungsgeschick, sondern – so wäre hier folgerichtig zu ergänzen – offensichtlich auch auf „Moderation".

Womit wir beim Thema wären.

1. Ziele und Zwecke der Moderation

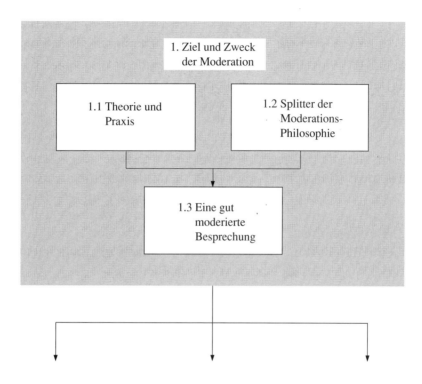

Abbildung 1-0: Gedankenflußplan zum 1. Kapitel

1.1 Theorie und Praxis

Moderation zu erklären ist eine ebenso leichte wie schwierige Aufgabe. Einerseits sind Moderatoren durch die Medien Radio und Fernsehen populär wie sonst nur wenige Berufsstände. Andererseits macht Medienmoderation nur einen Teil dessen aus, was Moderieren insgesamt bedeutet. Und „Moderation" hat im vorliegenden Buch schwerpunktmäßig eine andere Bedeutung: es geht um das „Leiten von Besprechungen", um das Steuern von Arbeitsgruppen, vor allem in Unternehmen. Natürlich kann die Moderationsmethode auch in anderen Situationen sehr gut eingesetzt werden: in Verbänden und staatlichen Organisationen ebenso wie an der Universität oder im Rahmen anderer Ausbildungsgänge. Die Beispiele dafür sind sehr zahlreich.

Die augen- und ohrenfälligste Aufgabe der Moderation und des Moderators ist es, die Leute zum Reden zu bringen.

Die begriffliche Unschärfe des Wortes „Moderation" ist allerdings nicht bloß ein akademisches Problem: Vor kurzem übernahm ich die Aufgabe, einen Workshop zum Thema „Umsetzung der Führungsleitlinien im Unternehmen" zu leiten. Ich selbst verstand dabei unter „Moderation" dasjenige, was Sie ja im nachfolgenden Text werden lesen können, und verhielt mich entsprechend. Die Teilnehmer (sehr hochrangige Führungskräfte) erwarteten aber von mir als „Moderator" etwas völlig anderes, nämlich quasi eine fertige Lösungsstrategie zum Thema. Sie reagierten verstört, ja geradezu aggressiv, als sie mit meiner Erwartung an sie, die Fragen und Probleme selbst zu lösen, konfrontiert wurden. Vor dem Hintergrund einer sehr autoritären Firmenvergangenheit sagten sie zwar „Mode-rator", meinten aber den klassisch-direktiven Problemlöser, der ihnen sagt, wo es langgeht, wie die Probleme zu lösen sind und wer dabei welche Aufgabe hat. Sie nannten mich „Moderator", weil es einfach modern ist, eine Besprechung nicht zu „leiten", sondern zu „moderieren", auch wenn das Strickmuster das gleiche ist wie eh und je.

Soviel steht offenbar fest: Moderation ist eine bestimmte Form, eine Arbeitsgruppe, ein Projektteam, eine Besprechung, eine Diskussion, eine Konferenz zu leiten, und zwar so, daß das Potential der Beteiligten optimal genutzt wird.

Besprechungen sind immer auch Arenen der persönlichen Auseinandersetzung, von Schaukämpfen, Eifersüchteleien, Rivalitäten. Und genau hier, auf der persönlichen Ebene, setzt das Verständnis von Moderation an. Ihr vordergründiges Ziel ist es, den Prozeß, der da abläuft, transparent und somit reflektierbar zu machen, um hintergründig an das Sachziel näher heranzukommen und um die Selbstwertbedürfnisse der Teilnehmer angemessen zu berücksichtigen und somit letztlich Effizienz und Zufriedenheit der Beteiligten zu steigern.

Insofern greift das Verständnis der Moderation einige Ideale des Zeitgeistes auf, so zum Beispiel Eigenständigkeit, Eigenverantwortung, Beteiligung, Offenheit und Transparenz. Es ist auch ein Ansatz, der ein verändertes Hierarchieverhältnis signalisiert: Moderation ist ein ganz zentrales Element eines kooperativen Führungsstils. Während Delegation ein strukturelles Merkmal darstellt, läßt sich Moderation als angemessene Prozeßsteuerung verstehen. Die Hierarchie wird deshalb nicht aufgelöst (das Abendland braucht keine Angst zu haben), aber sie wird funktional relativiert.

Die zunehmende Bedeutung ist aber nicht nur Ausdruck eines allmählichen Wertewandels auf den Führungsetagen. Die Aufgaben selbst werden zunehmend komplex, vernetzt und vielfältig. Ein Fachmann reicht nicht zur Lösung eines Problems; viele müssen gehört werden, sich auseinandersetzen, die gleiche Sprache sprechen.

Unser idealer Moderator unterscheidet sich folglich wesentlich von seinen Fernseh-Kollegen. Während diese gerne einen langen Hals machen, um auch ja von allen gesehen zu werden, ist es die vornehmste Aufgabe von jenem, sich zurückzuhalten. Ein guter Moderator ist einer, den man nicht merkt und bei dem man sich fragt, womit er eigentlich sein Geld verdient. Nur so kann die Gruppe ja zum eigentlichen Problemlöser werden. Der Moderator ist nicht der Wichtigste in der Gruppe für die Sache, aber der Wichtigste für den Prozeß.

Damit ist nicht gesagt, daß er die Gruppe sich selbst und ihrem Schicksal überläßt. Er hat die arbeits- und beziehungsorientierten Abläufe nicht nur im Auge; er reagiert bei Bedarf öffnend, baut Abwehrverhalten ab, löst unproduktive Widerstände auf, spitzt Kontroversen zu usw. **Der Moderator führt durchaus – er hält die Gruppe an der langen Leine in einem Zielkorridor.**

Der Zielkorridor wird zum Teil vom Moderator festgelegt, zum Teil ist er von außen vorgegeben durch übergeordnete Ziele des Unternehmens oder eines Projektes. Insofern sind Grenzen, aber auch Spielräume gegeben.

Sicherlich gibt es Themen, die „normalerweise" überhaupt nicht moderiert werden. Das sind z.B. Erörterungen in bestimmten fachlichen oder persönlichen Entscheidungssituationen, deren Beteiligte sich häufig partizipativer Methoden entwachsen fühlen oder Moderation als Bevormundung empfinden. Stellen Sie sich bloß die Diskussion darüber vor, Kabinettssitzungen in Zukunft zu moderieren...

Und doch eignen sich gerade komplexe und heikle Themen für die Anwendung der Moderationsmethode. Wir sagen das deshalb überzeugt, weil wir das schon oft erfolgreich praktiziert haben.

Andererseits gibt es auch weiterhin eine ganze Menge von (Routine-) Angelegenheiten, deren Regelung weniger von Gruppenfähigkeiten als von Einzelleistungen abhängt. Oder es geht ganz einfach darum, die Mitarbeiter lediglich zu informieren. Dann ist eine moderierte Besprechung unangemessen.

Wesentlicher Gesichtspunkt bei der Frage „Moderieren oder nicht?" ist aber weniger das Thema als solches, sondern mehr die Phase seiner Bearbeitung.

Ein weiterer ist das Gruppenklima. Wenn die Leute die Leitvorstellung haben, daß „anständige Vorgesetzte wissen, was sie wollen, und deswegen die Besprechung leiten", steht ein Moderator sowieso auf verlorenem Posten. Wenn dagegen die Spielregel lautet „Man darf sich offen gemeinsam Gedanken machen", ist keine Themenbegrenzung auszumachen.

Die Techniken der Moderation zu erlernen, kann keinem schaden. Das ist wie bei einem guten Haarwasser: Es ist nie zu spät und selten zu früh. Es beschränkt sich auch keineswegs auf Führungszirkel, sondern ist auch auf Werker- und Sachbearbeiterebene sinnvoll. Es gibt eine ganze Reihe von Organisationsentwicklungs-Projekten, an denen man das sehen kann. Quality Circles sind nur ein Anwendungsbeispiel.

Das führt zu der Erkenntnis, daß nicht nur der Moderator spezifische Qualifikationen einbringen beziehungsweise erlernen muß, sondern daß auch die Teilnehmer in anderer Weise gefordert sind, als sie es von der klassischen Besprechungssituation her gewohnt sind. Hauptvoraussetzung ist, daß sie bereit und fähig sind zum eigenständigen, offenen Nachdenken. Für Mitarbeiter, die einen sehr autoritären Führungsstil gewohnt sind, ist eine moderierte Sitzung oft eine Überforderung, oder sie halten die Moderation nur für eine zeitaufwendige Spielerei.

Ein Problem ist andererseits, daß der Arbeits- und Führungsalltag im Unternehmen häufig nicht auf die Methode der Moderation ausgerichtet ist, weswegen es nach einem Training zuweilen nur begrenzt zur Umsetzung kommt.

Moderation kostet zunächst einmal Zeit. Und Führungskräfte behaupten ja gerne, daß sie wenig Zeit hätten, weil bedeutsame Leute im allgemeinen keine Zeit haben. Sie davon zu überzeugen, daß sich der Zeitaufwand lohnt, ist nicht ganz einfach. Eine Chance dazu bieten Probleme, die wegen ihrer Komplexität und/oder Brisanz schon länger ihrer konstruktiven Bearbeitung harren. Wenn es gelingt, hierbei eine Sitzung erfolgreich zu moderieren, ist ein wichtiger Schritt vollzogen.

Das vorliegende Buch wendet sich an Praktiker – Moderatoren und Teilnehmer an moderierten Besprechungen. Es begreift Moderation jedoch nicht bloß als Technik, sondern als zielgerichtete Prozeßsteuerung. Der Prozeß, um den es ihr geht, ist die dynamisch sich entwickelnde Interaktion der Teilnehmer untereinander, in Wechselwirkung mit dem Moderator.

Damit sind drei Faktoren zu benennen, die im Moderationsprozeß zusammenspielen:

- die Funktion und Rolle des Moderators,
- Momente der Gruppendynamik und
- Basistechniken der Moderation.

Sie legen die Gliederung des Buches fest, die bereits in Abbildung 0-2 veranschaulicht worden ist.

In den einführenden Erläuterungen des 1. Kapitels sind wir bereits mittendrin. Von praktischen Erwägungen wie von philosophischen Betrachtungen ausgehend sind hier die Erwartungen an den Moderator, an die Teilnehmer und an das Instrumentarium zu formulieren.

In den drei weiteren Kapiteln setzen wir uns nacheinander mit den drei genannten Faktoren im Moderationsprozeß auseinander, um sie im fünften Kapitel zum Gesamtprozeß zu integrieren. Zur besseren Orientierung dient uns dann ein für die Zwecke der Moderation modifiziertes Phasenschema von Gruppenprozessen.

Das sechste Kapitel rundet das Buch mit konkreten Beispielen und Problemen aus der Moderationspraxis ab.

„Moderieren mit System" ist insgesamt kein Bastelbuch für Moderhetoriker, sondern eine Unterstützung für Moderatoren, ein Leitfaden zur Durchführung von Besprechungen und zu ihrer Reflexion. Der Gesprächsprozeß wird hier nicht prä-, sondern rekonstruiert. Es wird nicht vor-, sondern nachgedacht, gewissermaßen im voraus nachgedacht.

1.2 Splitter der Moderations-„Philosophie": Die Welt der Ideale

Moderation hat primär den Zweck, die Kommunikation unter den Mitgliedern einer Gruppe so zu gestalten, daß ihr kreatives Potential optimal genutzt wird, erstens im Hinblick auf ein gegebenes Ziel und zweitens bezüglich der Zufriedenheit der Teilnehmer.

Moderation unterscheidet sich von anderen Verfahren der Gruppensteuerung durch ein anderes Menschenbild, das einerseits ihrer Vorgehensweise zugrunde liegt und das andererseits auch durch ihre Anwendung im pädagogischen Sinne gefördert wird:

1. Es gilt das Prinzip der Eigenverantwortlichkeit.
   Jeder trägt die Verantwortung für das, was er tut (oder läßt), und die sich daraus ergebenden Konsequenzen. Indem wahrgenommene Probleme an der eigenen Person mitverankert werden (als Diskrepanz zwischen Erwartung und Erfüllungsgrad), rücken autonome Lösungschancen klar in den Blick, aber auch ihre durch soziale Gegebenheiten gesetzten Grenzen. Gleichzeitig gibt das Bewußtsein der Eigenverantwortlichkeit die Energie, eine Situation bzw. ein Problem im gegebenen Rahmen zu verändern und Verantwortung in übergeordneten Zusammenhängen zu übernehmen.

2. Es gilt das Prinzip der Gleichberechtigung.
   Jeder steht zu dem anderen in einem Verhältnis der Gegenseitigkeit und trägt Verantwortung dafür, daß der andere sich eigenverantwortlich entfalten kann. Wertschätzung und gegenseitiges Aufeinander-Bezogensein fördern eine günstige Entwicklung des einzelnen und der Gruppe.

3. Es gilt das Prinzip der Handlungsorientierung.
   Der Mensch strebt nicht nur nach Selbsterhaltung und Bedürfnisbefriedigung, sondern sein Verhalten ist darüber hinaus ziel- und sinnorientiert. Diese Orientierung erfolgt an der Umwelt entnommenen und reflektierten Werten.

4. Es gilt das Prinzip der Ganzheit.
   Jeder handelt als „ganzes Subjekt", als biologisches, psychisches und soziales Wesen in einem und ist als solches Ausgangs- und Bezugspunkt der Betrachtung.

Diese vier am Individuum ausgerichteten Prinzipien der Humanistischen Psychologie[1] münden in sechs analoge Leitlinien für den gegenseitigen Umgang in kleinen und großen Gruppen:

1. Demokratie:
   Die Beteiligung aller an Gruppenentscheidungen setzt die Prinzipien der Eigenverantwortlichkeit und der Gleichberechtigung um. Hierarchie dagegen entwickelt sich oft zu einem „*Verfahren, das Kritik nicht nur unmöglich macht, sondern denjenigen, der höher steht, gegen Kritik vollständig immunisier*t."[2]

2. **Toleranz:**
   Die gegenseitige Gewährung von Spielräumen entspricht den individuellen Prinzipien der Eigenverantwortlichkeit und der Ganzheit.

3. **Souveränität nach außen:**
   Die Selbstbestimmung der Ziele und des Verhaltens gründen auf Eigenverantwortlichkeit und Ganzheit. Es ist mittlerweile nicht mehr nur psychologisches Fachwissen, sondern fast schon Allgemeingut, daß selbstgesetzte Ziele bei reifen Menschen mehr Motivation, Kreativität und Ausdauer freisetzen als fremdbestimmte, weil sie a priori eine höhere Identifikation mit der Aufgabe schaffen.

4. **Transparenz nach innen:**
   Die Offenlegung der sachlichen und persönlichen Komponenten in der Kommunikation korrespondiert mit den Prinzipien der Gleichberechtigung und der Handlungsorientierung.

5. **Effizienz:**
   Daß ein gestecktes Ziel mit minimalem Zeitaufwand erreicht werden soll, folgt aus den Prinzipien der Eigenverantwortlichkeit und der Handlungsorientierung. „Sozialpsychologische Effizienz" drückt sich beispielsweise in Arbeitszufriedenheit aus.

6. **Homogenität:**
   Das kohärente Zusammenwirken der einzelnen in der Gemeinschaft ist die Umsetzung der Prinzipien der Ganzheit und der Handlungsorientierung. Leistungsthematisch gesehen ist Homogenität nichts anderes als Effektivität (Output/Input).

Die Ableitung der gruppenbezogenen aus individuellen Prinzipien der Moderations-„Philosophie" ist in Abbildung 1-1 noch einmal veranschaulicht.

In zeitlicher Perspektive tritt noch der individuelle Wert der Sicherheit hinzu. Damit ist die Erwartung beziehungsweise Gewißheit gemeint, eigene Ziele auch in Zukunft erreichen zu können[3]. In einer Gruppe ist unter diesem Blickwinkel eine erlebbare Stabilität zu fördern.

Damit sind die sekundären Ziele der Moderation abgesteckt: Eine Gruppe, die ein Leistungsziel und hohe Zufriedenheit ihrer Mitglieder erreichen will, ist

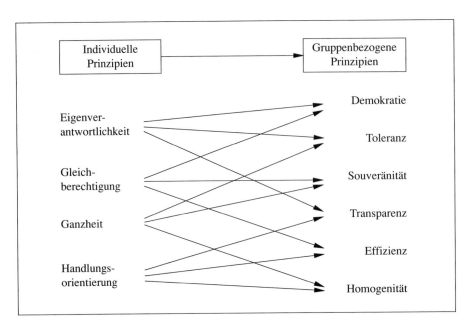

Abbildung 1-1: Die Prinzipien der Moderations-„Philosophie"

- zu stabilisieren,
- zu steuern,
- transparent zu machen,
- weitestgehend von Fremdbestimmung freizuhalten,
- die Teilnehmer sind (als Sachlöser) zu beteiligen
- und (als Menschen) zu tolerieren.

Um für diese Ziele zu arbeiten, braucht der Moderator ein sicheres Gespür für das Verhalten von Individuen und Gruppen und muß sich flexibel auf wechselnde Situationen und Anforderungen einstellen.

Moderation kann somit als eine zielgerichtete Regelung von Gruppenprozessen auf einer humanistischen Grundlage verstanden werden. Sie ist ein Element eines kooperativen und partizipativen Führungsstils.

Die Abbildung 1-2 zeigt die Moderations-Funktionen im Systemzusammenhang.

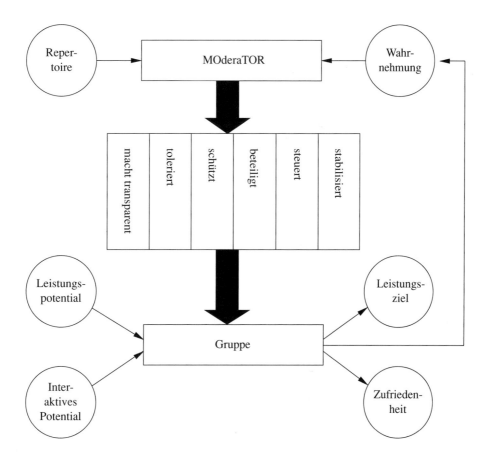

Abbildung 1-2: Moderation wirkt auf Gruppenprozesse als zielorientiert regelnde Instanz

1.3 Eine gut moderierte Besprechung: Voraussetzungen und Ergebnisse

Die Ideale, die wir artikuliert haben, sind im konkreten Geschehen einer Konferenz weder direkt beobachtbar noch unmittelbar umzusetzen, denn sie sind abstrakt und dienen allenfalls der Orientierung.

Was hat eine Wandzeitung mit Transparenz zu tun? Wie handhabt man das Pinboard demokratisch?

Der Hauptzweck der Moderation kann, auf die Praxis bezogen, folgendermaßen umdefiniert werden:

Abbildung 1-3: Warnung: Die Moderationsmethode ist nicht in allen Situationen angemessen!

Er besteht in der Schaffung und Aufrechterhaltung einer Gesprächsfähigkeit und Gesprächsbereitschaft der Beteiligten. In diesem Sinne ist eine Moderation so etwas wie die Produktion von Verständnis, von Verstehen und von problemlösungsförderndem Verhalten.

Um seinem Zweck gerecht zu werden, muß der Moderations-Prozeß folglich teilnehmer- und themenbezogene Aufgaben erfüllen:

- Teilnehmerbezogen:
  - Der Moderator muß von den Teilnehmern in seiner Funktion und Rolle akzeptiert werden.
  - Die Akzeptanz der Teilnehmer untereinander muß gegeben sein.
  - Spielregeln müssen vereinbart und eingehalten werden.
  - Jeder akzeptiert seine eigene Verantwortung für die Lösung.
  - Jeder fühlt sich auch verantwortlich für den Problemlösungsprozeß.

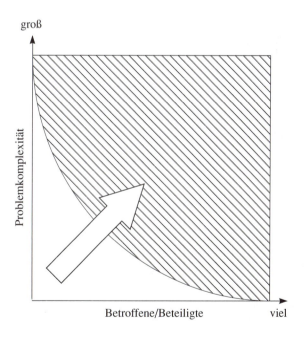

Abbildung 1-4: Die Einsatzmöglichkeiten der Moderationsmethode erstrecken sich über ein weites Spektrum von Themen und Teilnehmern
Quelle: BMW AG, unveröffentlichtesSeminarbegleitmaterial, München 1987

Abbildung 1-5: Wölkchen spielen traditionell in der Moderationsmethode eine wichtige Rolle. Moderatoren mit sanfter Stimme, hellem Blick und schwebender Gestalt arbeiten besonders erfolgreich mit ihnen.

● Inhaltsbezogen:
 – Die Teilnehmer sind derart an das Thema zu binden, daß sie weder ab- noch umschalten
 – Die Teilnehmer sind mit Informationen so zu versorgen, daß zu jedem Zeitpunkt eine ausreichende und verarbeitbare Menge an Stoff zur Debatte steht.
 – Alle wichtigen Informationen aus dem Teilnehmerkreis sind aufzunehmen und abrufbar zu speichern.

- Die Informationen sind für die Mitarbeiter (Gruppenmitglieder) so zu strukturieren, daß ihnen eine thematische Orientierung gelingt.

Wenn die genannten Bedingungen erfüllt sind, zapft die Moderationstechnik das kreative Potential aller Beteiligten an, bringt frische Ideen zum sprudeln, schafft eine pragmatische Handlungsorientierung und sorgt für mehr Effizienz und Identifikation in Besprechungen, Arbeitssitzungen, bei Kleingruppen-Arbeiten, in Projektsitzungen, Workshops und Konferenzen.

Die mit Hilfe einer Moderation entstandenen Arbeitsergebnisse sind folgerichtig primär nicht die Produkte eines Leiters, sondern sind vielmehr Team-Produkte und entsprechen damit auch dem wachsenden Anspruch an Kooperation und interdisziplinäre Zusammenarbeit zugunsten von Kreativität und Qualität.

Moderation erschließt damit ein breites Einsatzspektrum. Sie ist auch bei Problemen von hoher Komplexität und bei großer Beteiligtenzahl durchführbar.

2. Der Moderator

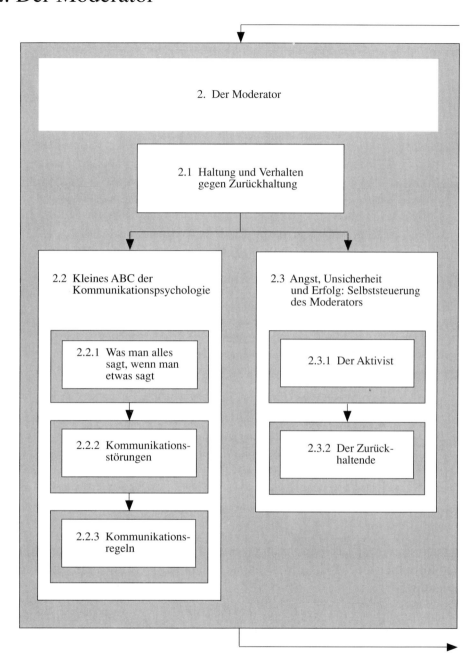

Abbildung 2.0: Gedankenflußplan zum 2. Kapitel

Der Moderator

Wie soll er sein, der ideale Moderator,
wie soll er sein?

Dreisprachig oder einsilbig?
Dialektisch eloquent?
Diachron konsequent?
Oder diapositiv transparent?

Was soll er tun, der ideale Moderator,
was soll er tun?

Fürsprechen oder vorsagen?
Kommusizieren?
Moderühren?

Wo soll er steh'n, der ideale Moderator,
wo soll er steh'n?

Hinter den einen?
Neben den andern?
Vor allen?
Oder vor allem
über allem?
Oder unter anderem
neben sich, aber mittendrin?

So soll er sein, der ideale Moderator,
so soll er sein:

Souverän und teilnehmend.
Unbefangen und verbindlich.
Zurückhaltend und einfühlsam.
Ruhig und beweglich.

Eben moderat.

Wie „kann/muß/soll/darf" denn nun einer sein, der in die Struktur der Moderationsphilosophie und Moderationstechnik hineinpaßt? Kann man „das" überhaupt lernen?

Ich behaupte: Ja, jedenfalls das meiste. Daß dazu eine gewisse Grundhaltung gehört, klang schon an und ist selbstverständlich. Auch diese notwendige Grundhaltung ist meines Erachtens in einem gewissen Umfang erlernbar.

Dieses Kapitel beschreibt nun die grundlegenden Voraussetzungen im Verhalten des Moderators und richtet sich in der Hauptsache an jene, die zum ersten Male etwas Genaueres über Moderation erfahren wollen.

Diejenigen, die dieses Buch als Praktiker lediglich in einer Handbuch-Funktion benutzen wollen, können dieses Kapitel überspringen. Sie dürften über moderatoren-typische Verhaltensmerkmale, Kommunikationspsychologie und konstruktive Gesprächsführung bereits genug wissen.

2.1 Haltung und Verhalten gegen Zurückhaltung: Anforderungsprofil für Moderatoren

Die teilnehmer- und themenbezogenen Aufgaben der Moderation stellen ebenso vielfältige wie hohe Ansprüche an Person und Qualifikation des Moderators. Er steuert den Arbeitsfortschritt, hält die Gruppe im Zielkorridor, regelt das Gruppenklima, führt Konsens oder Kompromiß herbei, fädelt Fortschritte in der Auseinandersetzung ein und organisiert nicht zuletzt den ganzen Prozeß medientechnisch. Seine Rollen sind also in dem Spektrum zwischen Regisseur und Produzent, Förderer und Bremser, Direktor und Statist, Lieferant und Müllabfuhr zu definieren.

Ein guter Moderator ist relativ sachneutral: Er identifiziert sich weniger mit schon im voraus festgelegten Inhalten und Ergebnissen als vielmehr mit den Zielen einer jeden Moderation: erfolgreiches Fördern eines vom Gruppenkonsens bestimmten und konstruktiven Arbeitsergebnisses. Das macht seine Qualifikation aus.

Ein guter Moderator ist ein zielorientierter Integrator: Er ist ein Fachmann für Kommunikation, hauptsächlich daran interessiert, einen Prozeß zu gestalten, der einerseits zu guten Ergebnissen und andererseits zu zufriedenen Teilnehmern führt.

Ein guter Moderator akzeptiert die Teilnehmer: Er wertet nicht ihre Psycho- und Verhaltensstruktur ab, auch wenn er sie analysiert. Er hält die Inhalte und Ergebnisse der Diskussion sowie die Ziele der Teilnehmer in einem konstruktiven Rahmen. Die erforderliche Fachkompetenz eines Moderators ist also in erster Linie weniger eine thematische als eine spezifisch psychologische.

Ein guter Moderator schafft eine offene Arbeitsatmosphäre: Er ist sensibel für Signale aller Art aus der Gruppe. Er ist umsichtig. Er macht seine eigene Vorgehensweise transparent. Seine Offenheit erfordert Selbstsicherheit in der Kommunikation. Diesem zentralen Aspekt widmen wir uns gleich ausführlicher in Abschnitt 2.2.

Ein guter Moderator verfügt über Autorität: Er braucht Autorität als Steuerungspotential im Gruppenprozeß. Ob und wie er sie der Gruppe und der Situation angemessen einsetzt, hängt wesentlich von seiner Selbststeuerung ab. Dies ist ein zweiter zentraler Aspekt, der genauer in Abschnitt 2.3 besprochen wird.

Ein guter Moderator ist sozusagen ein „Chamäleon" – und das im besten Sinne des Wortes. Er ist kein profilloser Opportunist, sondern ein empathischer Steuerer von Gruppenprozessen, der sein psychologisches Know-how mit der Didaktik des Moderationssystems verbindet.

In Abbildung 2-1 finden Sie eine pointierte Gegenüberstellung des idealen Moderators mit dem des in der Praxis üblicherweise tatsächlich vorfindbaren Besprechungsleiters, der sich (fälschlicherweise) „Moderator" nennt.

Thematische Neutralität und Kompetenz, kommunikative Kompetenz, Fähigkeit zur Transparenz, Flexibilität, persönliche Autorität und Neutralität – diese in Abbildung 2-1 als Profil dargestellten Ansprüche scheinen sehr hoch angesetzt und der Praxis des täglichen Arbeitslebens vielleicht etwas fremd. Sie sollten sich dadurch aber nicht schrecken lassen.

Natürlich wird ein hauptberuflicher Moderator eine gewisse Begabung von vornherein mitbringen. Die Moderationstechnik selbst ist jedoch seit den „Metaplan"-Anfängen der Gebrüder Schnelle effizient und nahezu „narrensicher" gemacht worden. So können Sie heute mit einer fundierten Ausbildung und entsprechender Übung die Besprechungen in Ihrem betrieblichen Alltag auf eine Ebene mit völlig neuer Qualität heben.

Tritt neben das eben beschriebene persönliche Profil der richtige Umgang mit den Instrumenten, so wird aus dem „Besprechungs-Techniker" ein „echter" Moderator. Schließlich bilden Persönlichkeit und Repertoire ein System, das sich selbst trägt. So liegt es weitgehend an Ihrem persönlichen Ehrgeiz, ob Sie nun ein guter oder ein sehr guter Moderator werden. Kommt dann noch Begabung bei Ihnen hinzu, können Sie sogar zum „Spitzenmoderator" werden.

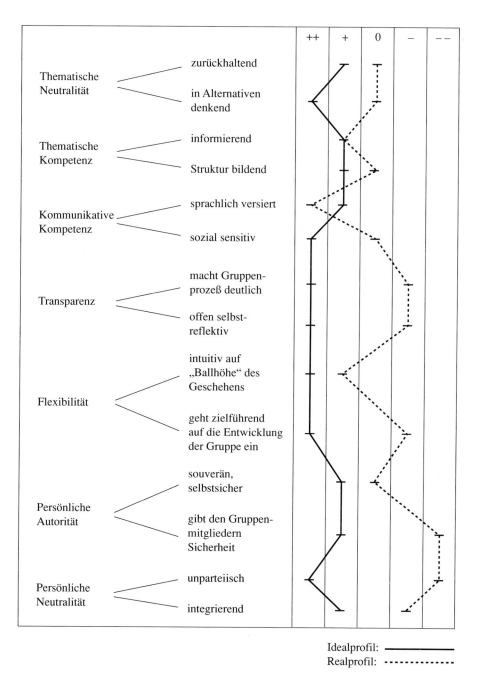

Abbildung 2-1: Gegenüberstellung des idealen und des realen Moderatoren-Profils

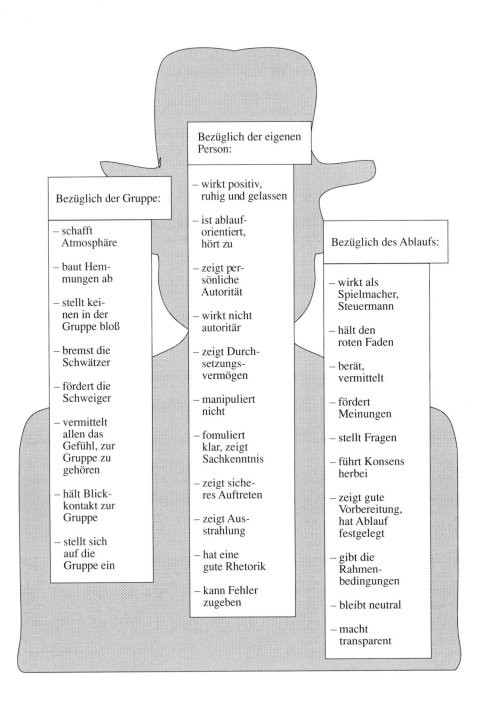

Abbildung 2.2: Die Verhaltensanforderungen an Moderatoren sind vielfältig.

Das tatsächliche Moderatorenverhalten, das den so hoch gesetzten Ansprüchen genügt, ist dann faktisch ein eher unauffälliges: Kein Zampano, kein begnadeter, schillernder Künstler ist da am Werk, sondern ein moderater (!) Kommunikations-Profi, dessen Persönlichkeit ausgeprägt ist und der seine individuellen Haltungen weder verstecken noch diese seinem Publikum aufdrängen muß.

Etliche Unternehmen sind mittlerweile dazu übergegangen, ihren Führungskräften konsequenterweise entsprechendes Moderations-Know-how zu vermitteln: Sie wissen, wie wichtig das „Besprechungswesen" für die Effizienz des gesamten Arbeitsablaufs in der Firma ist.

Die folgende als Abbildung 2-2 wiedergegebene Aufstellung über das wünschenswerte konkrete Moderatorenverhalten „übersetzt" das abstrakt formulierte Profil aus Abbildung 2-1 in konkrete Verhaltensweisen. Sie entstammt einem der vielen Moderations-Seminare, die ich in den letzten Jahren bei BMW durchgeführt habe und wurde aus der Sicht der Teilnehmer (hier 14 Abteilungsleiter) formuliert.

Die von dieser Seminargruppe erarbeiteten Gütekriterien des Moderatorenverhaltens weisen (nachdem Sie im vorliegenden Buch schon von Philosophie, Prozeßorientierung und strukturellen Zielen der Moderation gelesen haben) eine überraschende Einfachheit auf.

Für sich genommen, ist jeder Punkt auf Anhieb einleuchtend und geradezu simpel. Doch erst das komplexe Vernetzen aller dieser Merkmale führt zu einem optimalen Moderatorenverhalten. Die einzelnen Qualitäten allein sind noch relativ leicht umzusetzen, doch ihre gemeinsame und angemessene Anwendung bedarf einer gewissen Übung.

Kaum jemand kann 29 verschiedene Verhaltensanforderungen im Kopf behalten und sich „in action" ständig daran orientieren und kontrollieren. Das würde auch genau zu dem führen, was einer erfolgreichen Moderation abträglich ist, nämlich zu Verklemmung und Unechtheit.

Kann man es also auch einfacher ausdrücken?

Ja: Der bei BÖNING-TEAM geklonte Polyplex-Moderator M+, der mit Abbildung 2-3 erstmals einer breiteren Öffentlichkeit vorgestellt wird, faßt für Sie acht Merkregeln zusammen.

Ich nenne Ihnen jetzt ein paar Merkregeln für den Moderator:

– Hören Sie aktiv zu, lassen Sie die Leute ausreden, bleiben Sie dabei ganz unbefangen!

– Aktivieren Sie die Teilnehmer, stellen Sie Fragen, bleiben Sie dabei zielorientiert!

– Spiegeln Sie die Beiträge, lassen Sie Schlüsse begründen, bleiben Sie dabei neutral!

– Sorgen Sie dafür, daß alle Aussagen von allen verstanden werden, bleiben Sie dabei verbindlich!

– Fassen Sie zusammen, zeigen Sie Zusammenhänge auf, schaffen Sie Aha-Effekte, wahren Sie dabei die Übersicht!

– Schauen Sie sich das Thema aus verschiedenen Blickwinkeln an, bleiben Sie dabei flexibel!

– Gehen Sie auf die Stimmung in der Gruppe ein, bleiben Sie dabei!

– Machen Sie genügend Pausen!

Abbildung 2-3: Der ideale Moderator kann sich bei Bedarf in verschiedenen Rollen gleichzeitig bewegen, verfügt über sechs Arme, drei Köpfe, zwölf Ohren und kann dabei singen, lachen und weinen.

2.2 Kleines ABC der Kommunikationspsychologie

2.2.1 Was man alles sagt, wenn man etwas sagt

Zwar sind für einen Moderator auch rhetorische Fähigkeiten nicht ohne Belang, allerdings nur am Rande. Schließlich ist es nicht seine Aufgabe, fesselnde Monologe zu halten oder sprühende Dialoge zu führen, sondern die Teilnehmer zu einem fruchtbaren Austausch anzuregen und die Gruppe so in Richtung konstruktiver Ergebnisse zu führen. Dazu muß er sich gewisser kommunikationspsychologischer Gegebenheiten bewußt sein, um angemessen reagieren zu können. Er muß wissen, was er moderiert.

Kommunikation ist weit mehr als nur der Austausch von Informationen. Oft wird vergessen, daß jener als sachlich bezeichnete Anteil der Kommunikation nicht ihr einziger ist. Er ist meist sogar der geringere im zwischenmenschlichen Umgang.

Der weitaus größte Teil aller Kommunikation zwischen Menschen besteht nicht darin, was inhaltlich gesagt wird, sondern darin, auf welche Weise es ausgedrückt wird. Modulation (Betonung, Sprechmelodie, Sprechrhythmus), Körpersprache (Haltung, Gestik, Mimik) und zeitliche Gestaltung (Einsatz, Pausen, Schweigen) einer Nachricht bestimmen ebenso die Botschaften der „Sendeperson" wie die sachliche Information selbst. Die genannten Elemente bleiben aber „unterhalb der Wasser-Oberfläche", wenn man das Bild eines Eisberges zum Vergleich heranzieht, der bekanntlich auch nur zum geringeren Teil sichtbar ist und zum überwiegenden Teil unter Wasser bleibt, gleichwohl aber „spürbar" wird, wenn man sich ihm zu stark nähert.

Eine kleine Übung dazu: Sprechen Sie den einfachen Satz „Wir verstehen uns doch gut!" mehrmals vor sich hin. Betonen Sie ihn auf den einzelnen Worten, sagen Sie den Satz unterschiedlich schnell, mal leise, mal laut. Stellen Sie sich vor, wie Sie ihn verschiedenen Zuhörern gegenüber ausgestalten oder ihn sich von verschiedenen Gesprächspartnern anhören müssen. Stellen Sie sich vor den Spiegel und schauen Sie sich an, wie verschieden die Aussage wirkt, wenn Sie dazu die Stirn runzeln, die Mundwinkel nach oben ziehen, große Augen machen, die Nase rümpfen oder mit den Ohren wackeln...

Sie werden feststellen, welche unterschiedlichen „Botschaften" Sie auf diese Weise vermitteln und welche unterschiedlichen Stimmungen Sie damit auslösen können.

Und genau diese unterschiedlichen Stimmungen werden bewußt oder unbewußt, absichtlich oder unabsichtlich, deutlich erkennbar oder subtil, in jeder Besprechung ausgelöst.

Auch wenn das offizielle Thema (also die Sach-Ebene) eine neue Marketing-Strategie oder eine Konstruktionsänderung ist, auch wenn auf der offiziellen Tagesordnung in erster Linie Probleme der EDV-Anwender oder der Organisation stehen, stets reden Menschen miteinander, die Emotionen haben und Emotionen auslösen (auf der Beziehungs-Ebene). Und diese Emotionen werden zum großen Teil durch offene und noch mehr durch verdeckte Beziehungsbotschaften in der Kommunikation ausgelöst. Was sich hier abspielt, gilt dann oft als Störmoment eines sachlichen Gesprächs, als Gefühl, das man im günstigsten Fall ignorieren, im ungünstigsten Fall aktiv vermeiden sollte. „Moderation" heißt unter diesem Aspekt aber die aktive und konstruktive Beachtung und Nutzung dieser beiden, stets miteinander verwobenen, Kommunikationsanteile[4].

Abbildung 2-4 zeigt einen Ausschnitt aus dem Geflecht der Sachaussagen und intuitiv zu erfassenden Andeutungen während einer Besprechung.

Gehen wir noch etwas weiter auf einige Kommunikationsaspekte ein. Vielleicht zeigt eine etwas „mikroskopische" Betrachtung einige der zum Steuern einer Besprechung wichtigen Prozesse. Denn, wie schon oft hier ausgesprochen, eine effektive Moderation beachtet, interpretiert und nutzt diese zwischenmenschlichen Abläufe richtig, um unnötige Konflikte zu vermeiden und um das kreative Potential der Besprechungsteilnehmer anzuregen.

Betrachten wir zum Beispiel eine einzelne „Nachricht" innerhalb einer Diskussion, die von einer „sendenden" zu einer „empfangenden" Person geht. Der darin enthaltene Beziehungsaspekt hat nochmals drei Teilaspekte, nämlich:

– die Darstellung, die die sendende Person mehr oder weniger deutlich und bewußt von sich selbst gibt (Selbstausdruck),
– die Auffassung, die die sendende Person vom Verhältnis zur empfangenden Person (ihrem Gesprächspartner) hat; was sie von ihr hält, wie sie zu ihr steht (Beziehungsaspekt im engeren Sinne) und
– die Aufforderung, die die sendende Person an den Gesprächspartner richtet, was sie sich von diesem als Aussage, Verhalten oder Einstellung wünscht und erwartet (Appellaspekt).

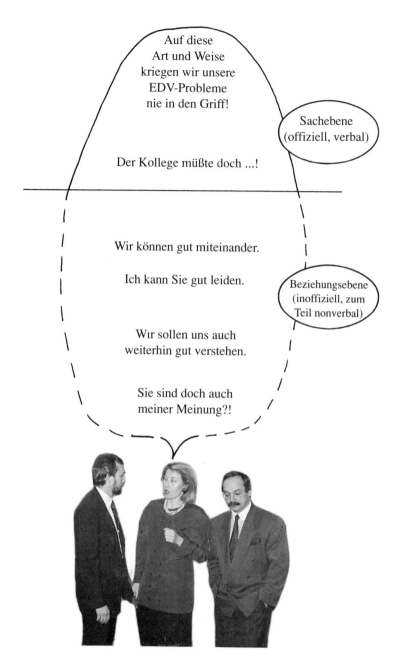

Abbildung 2.4: Kommunikation findet stets auf zwei Ebenen statt: Die Sachebene ist direkt wahrnehmbar. Die Beziehungsebene liegt, nur mittelbar wahrnehmbar, „darunter".

In jeder zwischenmenschlichen Nachricht finden sich also grundsätzlich vier Arten von Botschaften, die auf den zwei Hauptebenen (Sach- und Beziehungsebene) kodiert sind[5].

Der Vorteil dieses differenzierten Modells besteht darin, *„daß es die Vielfalt möglicher Kommunikationsstörungen und -probleme besser einzuordnen gestattet und den Blick öffnet für verschiedene Trainingsziele zur Verbesserung der Kommunikationsfähigkeit."*[6]

Machen wir nun noch einen weiteren differenzierenden Schritt und sehen uns den Beziehungsausdruck noch etwas genauer an. In ihm kommen nach meiner Auffassung nochmals fünf unterscheidbare Elemente zusammen.

– Eine wichtige Rolle spielen die Grund-Einstellungen eines Menschen gegenüber sich selbst und gegenüber anderen[7]. Mit einer „gesunden" positiven Einstellung zu sich selbst kann jemand freier seine Vorstellungen und Interessen äußern. Er weiß, wie wichtig oder unwichtig der eigene Beitrag im aktuellen Kontext ist, und wird im Ergebnis offener kommunizieren als jemand, der sich unsicher zurückhält oder auf Umwegen versucht, seine Interessen durchzusetzen. Ebenso wirkt eine positive Einstellung zum anderen kommunikationsfördernd, Mißtrauen dagegen blockierend.
– Sympathie und Antipathie sind Ausprägungen der emotionalen Nähe einer Person gegenüber einem konkreten Anderen. Diese drückt sich unter anderem auch in der räumlichen Nähe aus, die von den Gesprächspartnern eingenommen wird. *„Je mehr jemand über die Abwehrsignale des Abstandes lernt, desto eher wird er (...) dieselben Signale erkennen lassen, wenn er jemandem seelisch 'auf die Füße tritt', wiewohl er sich vielleicht dreieinhalb Meter entfernt in einem anderen Sessel befindet."*[8] Damit ist auch die mögliche Bedeutung der Sitzordnung in einer konkreten Situation hervorgehoben.
– Ein drittes, von den anderen weitgehend unabhängiges Element auf der Beziehungsebene ist die gegenseitige Wertschätzung der Gesprächspartner. Sie drückt sich unter anderem darin aus, wie zugewandt und aufmerksam sie miteinander reden: Aktives Zuhören, Fragen statt Sagen und das Aufgreifen von Einwänden sind Indizien dafür.
Ein aktiver Zuhörer zeichnet sich aus durch nonverbale Zuwendung; er hält Blickkontakt, hört aufmerksam zu, bestätigt das, was er gehört hat, spiegelt die Aussagen eines Gesprächspartners, vermeidet Ablenkungen, Unruhe und Nervosität. Er ermöglicht dem Sprecher, sich offen zu äußern. Er ver-

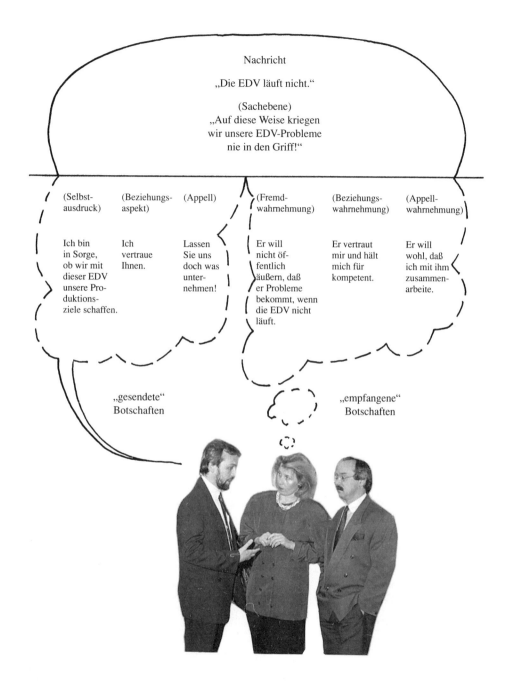

Abbildung 2-5: Auf der Beziehungsebene der Kommunikation sind nochmals drei Aspekte einer Nachricht zu unterscheiden. Ihr „Sender" kann sie anders meinen, als der „Empfänger" sie wahrnimmt.

Abbildung 2-6: Der Beziehungsaspekt der Kommunikation umfaßt seinerseits fünf unterscheidbare Elemente.

mittelt dem anderen gegenüber Wertschätzung als Mensch oder auch bezüglich dessen Fachkompetenz.
– Der Beziehungsrang meint die emotionale Über-, Unter- oder Gleichordnung der Beteiligten im Gesprächsverlauf. Sie ist zeitlich veränderlich und keineswegs identisch mit den formal bestehenden Rangunterschieden. Sie drückt sich darin aus, ob eine Botschaft „von oben herab" vermittelt wird oder „von unten hinauf" oder ob die Partner sich gleichrangig sehen und ansprechen, wie dies zum Beispiel in einem kooperativen Arbeitsklima der Fall ist.
– Normen und Spielregeln der Umgebung der Gesprächspartner wirken ebenfalls mit. Nicht nur gesellschaftliche oder durch die individuelle Lebensgeschichte verinnerlichte Normen, sondern auch die Spielregeln der jeweiligen Unternehmenskultur spielen eine wichtige Rolle. Wenn etwa während der Sommerzeit der stets ausgeglichene, allseits geschätzte, sympathische

	Ich bin o.k.	Ich bin nicht o.k.
Du bist o.k.	– klärt Ziele – stellt Fragen – gibt Bestätigung – greift Aussagen auf – präzisiert Standpunkte – klärt Divergenzen auf – holt Meinungen ein – sorgt für eine entspannte Atmosphäre	– steuert wenig – überläßt vieles der Gruppe – stellt wenige Fragen – blockiert u.U. die Gruppe – läßt die Gruppe zu viel alleine entscheiden – gibt nicht ausreichend Richtung vor – verhält sich unklar
Du bist nicht o.k.	– provoziert – ironisiert – unterbricht oft – hört nicht zu – rügt viel – weist zurecht – dominiert die Gruppe autoritär	– sitzt lustlos herum – ergreift wenig Initiative – greift nicht auf – distanziert sich – zweifelt an Kompetenzen der Gruppe – zeigt sich desinteressiert – stellt die Umsetzung in Frage

Abbildung 2-7: Verschiedene Grundeinstellungen des Moderators wirken sich unterschiedlich auf sein Verhalten aus. (Beispiele in Anlehnung an das Transaktionsanalyse-Konzept der Grundeinstellungen von Eric Berne)

	Ich bin o.k.	Ich bin nicht o.k.
Du bist o.k.	– offene Diskussion – offene Kritik – entspannte Atmosphäre – reger Gedankenaustausch – viele Fragen – zügige Abwicklung – Fehler dürfen sein	– gedrückte Atmosphäre – wenige Rückfragen – verdeckte Kritik – Passivität, Abwarten – Schweigen
Du bist nicht o.k.	– viele Killerphrasen – Provokationen – Schuldzuweisungen – Zurechtweisungen – Abwertungen – viele Unterbrechungen	– Abwertungen der Gruppe – obstruktives Verhalten – Apathie – chaotische Diskussion – Androhung von Abbruch – zynische Kommentare

Abbildung 2-8: Verschiedene Grundeinstellungen der Beteiligten wirken sich unterschiedlich auf den Gruppenprozeß aus.

Kollege O. in Bermuda-Shorts zur Abteilungsleiter-Konferenz kommt, kann sich das aufgeheizte Sitzungszimmer atmosphärisch in einen Kühlschrank verwandeln. Denn die Kleiderordnung ist einer der sichtbaren Ausdrücke für Spielregeln im Arbeitsalltag, die sich natürlich in noch anderen Aspekten äußern, beim Konfliktverhalten, bei Entscheidungen und allgemein im Kommunikationsverhalten.

Zusammenfassend können wir festhalten, daß ein Moderator mindestens Sach- und Beziehungsebene der laufenden Kommunikation differenziert steuern können muß. Ein guter Moderator erkennt darüber hinaus auch Selbstausdruck, den spezifischen Beziehungsaspekt und den Appellcharakter vieler Botschaften und kann darauf eingehen. Ein exzellenter Moderator weiß schließlich Einstellungen, Wertschätzungen, persönliche Nähe, Hierarchie und Spielregeln der Beteiligten wahrzunehmen, zu unterscheiden und zu steuern.

2.2.2 Kommunikationsstörungen

> Wenn man ihm etwas erklärt
> versteht er nichts
> sagt aber dauernd
> is doch logisch
> wenn man dann fragt
> wieso logisch? antwortet er
> ja wieso
> weiß ich auch nich
> wenn man dann sagt
> warum sagst du denn dauernd
> is doch logisch
> sagt er
> man wird doch mal was
> in Frage stellen dürfen.
>
> Hanns Dieter Hüsch

Sie haben es sicher schon erlebt: Auf einen leidenschaftlich eingebrachten Beitrag folgt eine blockierende Entgegnung, etwa der Art „Da könnte ja jeder kommen." – und die Kommunikation ist zusammengebrochen, gekillt. Solche Killerphrasen gibt es viele, und es ist nicht einfach, das Gespräch dann wiederzubeleben.

Killerphrasen sind üblicherweise Ergebnisse von sogenannten Abwehrmechanismen[9]. Sie entspringen Ängsten, beispielsweise der Angst vor neuen Ideen oder der Angst, nicht in der Lage zu sein, etwas zu verändern, oder der Angst, der andere könnte besser sein als man selbst. Oder der Befürchtung, der andere könnte sich einfach mit seinen Ideen durchsetzen und man selbst würde vielleicht das Gesicht verlieren.

Ein wichtiger Abwehr-Mechanismus ist die Verdrängung. Die Angst auslösenden Gedanken, Erinnerungen, Wahrnehmungen, Wünsche und Argumente werden innerlich aus dem Bewußtsein und nach außen hin aus dem Gesprächsprozeß verdrängt. Im betrieblichen Alltag werden Verdrängungen oft zum Hindernis für offene und ehrliche Auseinandersetzung. Beispiele für verdrängende Killerphrasen sind:

- „Sie verstehen unser Problem nicht."
- „Das geht uns nichts an."
- „Zur Zeit haben wir ganz andere Sorgen."

Eine zweite in Besprechungen häufig zu beobachtende Tendenz ist die Darstellung der eigenen Ansicht als absolut sachlich und logisch richtig. Bei „Angriffen" auf die eigene Position ist dann einfach auf die Vernunft zu verweisen, die sie scheinbar begründet. Dieser Mechanismus wird als Rationalisierung bezeichnet.

Beispiele dafür sind:

- „Das haben wir noch nie so gemacht."
- „Wir sollten uns den eigentlich wichtigen Fragen zuwenden."
- „Theoretisch ist das in Ordnung, aber die Praxis ist ganz anders."
- „Wenn das ginge, hätte das bestimmt jemand anders schon früher vorgeschlagen."
- „Wissenschaftlich ist doch ganz klar erwiesen, ..."

In zahlreichen Bilderwitzen wird eine Reaktionskette karikiert, die bei einem cholerischen Chef startet, sich fortpflanzt über dessen Mitarbeiter zu deren Familien und schließlich zu irgendwelchen unbeteiligten armen Haustieren. Die Karikatur zeigt, daß es sich hier um ein relativ gut beobachtbares Verhaltensmuster handelt, das den Mechanismus der Verschiebung beschreibt: Mit ihr ist die Entladung von aufgestauten Gefühlen auf Objekte oder Personen gemeint, die als weniger gefährlich eingeschätzt werden als diejenigen, auf die sie sich ursprünglich und eigentlich beziehen.

Auch in Besprechungen werden häufig verbale Attacken weiterverschoben.

Beispiele:

- Nicht der Chef wird attackiert, sondern sein Mitarbeiter, der das Projekt nur vorgetragen hat.
- Die Aggressionen in der Arbeitsgruppe richten sich auf die stillen Mitglieder, die sich bisher zurückgehalten haben.
- Die eigentlich kritischen Themen der Tagesordnung werden wiederholt nicht angesprochen, sondern man beschäftigt sich mit nebensächlichen Themen ausführlich und lang.

Schließlich sei der Mechanismus der Projektion genannt. Durch die Projektion werden eigene Wünsche, Erwartungen, Impulse und Regungen anderen Personen zugeschrieben und damit tendenziell aus der direkten Auseinandersetzung herausgenommen.

Auch dieser Effekt ist in Besprechungen häufig zu beobachten, wie die nachfolgenden Beispiele zeigen:

- „Der Betriebsrat wird das nicht durchgehen lassen."
- „Was werden denn die Kunden denken?"
- „Verkaufen Sie den Gedanken erst mal der Geschäftsführung."

In der Praxis treten Killerphrasen oft als simultaner Ausdruck mehrerer Abwehrmechanismen und seltener in „Reinkultur" auf.

Es geht nun für den Moderator weniger darum, die Killerphrasen als solche zu entlarven (es reicht meistens völlig aus, wenn er sie als solche erkennt). Es geht vielmehr darum, ihnen die Wirkung zu nehmen und die Gesprächsfähigkeit in der Gruppe wieder herzustellen.

Das folgende kleine Beispiel demonstriert eine tatsächlich erlebte Kommunikation ohne Sachinhalt, die zeigt, daß eine Aneinanderreihung von Phrasen durchaus möglich ist – und sogar recht lebhaft verlaufen kann:

A: „Man müßte alles verbessern."
B: „Jawohl. Wir müßten die Aufgaben anders verteilen."
C: (zu A) „Sie müssen das machen."
B: „Alle müssen."
A: „Ich muß..." (steht auf und geht)

Kommunikationsstörungen können aber noch ganz andere, beinahe banale Ursachen haben, nämlich z.B. die, daß die Teilnehmer einer Besprechung nicht die gleiche Sprache sprechen. Sehr kraß tritt das Problem zum Beispiel in Konferenzen auf, in denen ökonomisch denkende und kundenorientierte Vertriebsmanager mit technisch orientierten Werksdirektoren über Produktanforderungen diskutieren.

Besonderes Augen- und Ohrenmerk muß der Moderator deshalb von vornherein auf seine eigene Sprache und sein eigenes Verhalten legen. Sein Vokabular spielt eine wichtige Rolle. Es kann inhaltlich-fachlich ebenso daneben liegen wie seine Verhaltens-Regeln, die nicht in jeder Situation passen müssen: Wenn

Abbildung 2-9: Gute Moderatoren sollen die Sprache der Teilnehmer verstehen und sprechen können.

zum Beispiel ein Betriebspsychologe anfängt, von negativen Emotionen zu sprechen, die die anwesenden Abteilungsleiter jetzt zulassen sollten, indem sie sich öffneten und tief in sich hineinspürten, dann werden sich alltagserprobte Werksdirektoren und Vertriebsmanager möglicherweise befremdet abwenden und fragen, ob ihr Moderator über dem vielen Sich-Öffnen noch ganz dicht ist.

2.2.3 Kommunikationsregeln für den Moderator

Die wichtigsten Regeln zur Gesprächsführung sind für den Moderator die des aktiven Zuhörens und Techniken aus dem Bereich der Konfliktregelung. Ziele dieses Verhaltens sind die Versachlichung der Diskussion und die Möglichkeit, daß alle Teilnehmer der Sitzung zu Wort kommen können. Durchsetzung und politisches Taktieren stehen hier bewußt nicht im Vordergrund.

Aktives Zuhören:

– Spiegeln von sachlichen Beiträgen:
 Verdeutlichende Wiederholung von Beiträgen in eigenen Worten, durch Anwendung angemessener Metapher. „Nach Ihrer Auffassung sind für die weitere Strategiediskussion also drei Aspekte wichtig,..."

– Spiegeln von emotionalen Anteilen in den Beiträgen:
 Verdeutlichendes Herausstellen von emotionalen Anteilen in den Aussagen von Gesprächsteilnehmern, allerdings nur in beschreibender, nicht aber in bewertender oder gar abwertender Form: „Sie fühlen sich offenbar übergangen, weil..."

– Nachfragen:
 Auf zentrale Aspekte vorangegangener Beiträge zielende Fragen, die zur Wiederholung und Abgrenzung anregen sollen: „Habe ich Sie richtig verstanden, daß ...?"

– Anstoßen:
 Aufgreifen von Beiträgen oder Teilaspekten daraus und Nachfragen mit dem Ziel, den Gedanken weiterzuspinnen. „Bedeutet das in der Konsequenz...?"

– Relativieren:
 Neutrale Gegenüberstellung einander konträrer Positionen. „Vorhin hörten wir die Meinung ... – Jetzt kommt der Standpunkt zum Ausdruck ..."

– Zusammenfassen:
 Kurze Wiedergabe des Diskussions- oder Arbeitsstandes mit Nennung der wesentlichen Aspekte. „Ich darf die wesentlichen Punkte wie folgt zusammenfassen..."

Ich nenne Ihnen jetzt ein paar Regeln zur konfliktsteuernden Gesprächsführung:

– Konzentrieren Sie sich nicht nur auf die Sachdiskussion, sondern auch auf das Verhalten Ihrer Gesprächspartner.

– Versuchen Sie, ein günstiges Klima zu schaffen. Bauen Sie den „Gefühlsberg" ab. Signalisieren Sie Ihrem Konfliktpartner Gesprächsbereitschaft. Verwenden Sie „Türöffner" für die weitere Diskussion.

– Hören Sie aktiv zu: Halten Sie Blickkontakt und signalisieren Sie durch Kopfnicken, mimische und verbale „Verstärkungen" (z.B. oh, m-hm) ein „Ich verstehe." Lassen Sie Ihren Gesprächspartner grundsätzlich aussprechen.

– Gehen Sie auf die Intentionen und Ziele der Beteiligten ein. Bringen Sie die Ziele offen auf den Punkt.

– Stellen Sie Verständnisfragen.

– Führen Sie bei Abweichungen zum Thema zurück.

– Vermeiden Sie „Killerphrasen", Abwertungen, Gegenaggressionen und Drohungen.

– Verwenden Sie „Ich-Aussagen" („Ich-Botschaften"). Äußern Sie aber ganz klar Ihre Meinungen, Standpunkte, Wünsche und Gefühle.

– Machen Sie die Art der Auseinandersetzung zum Teil selbst zum Gegenstand der Erörterung (Metakommunikation).

– Fassen Sie das Gesprächsergebnis zwischendurch immer wieder kurz zusammen.

Abbildung 2-10: Ein guter Moderator aktiviert die Gesprächspartner und ermutigt sie zum Weiterdenken. Nur wer seine eigene Meinung zur Geltung bringen kann, ist auch selbst offen für die Auffassungen anderer.

SIE (DU)-Botschaften	ICH-Botschaften
auf den anderen zentriert	auf mich selbst und den anderen bezogen
auf Persönlichkeit(-sstruktur) bezogen	auf bestimmtes Verhalten bezogen
auf Durchsetzung hin orientiert	auf Offenheit und Vertrauen hin orientiert
schuldorientiert	verantwortungs- und problemlösungsorientiert
quasi-objektive Beschreibungen	subjektive, relativierende Beschreibungen
verallgemeinernd, unkonkret	begrenzt, konkret
einfache Ursache-Wirkungs-Vorstellung	Regelkreis-Vorstellung
Gesprächsverhalten gegenüber Gegner	Gesprächsverhalten gegenüber Partner

Abbildung 2-11: „Ich-Botschaften" und „Du-(Sie-) Botschaften"

Ein ganz wichtiges Element eines offenen und vertrauensvollen Gesprächs, sowohl eines sachlichen Arbeitsgespräches als auch eines vertraulichen persönlichen Gesprächs, stellen sogenannte „Ich-Botschaften" dar.

„Ich-Botschaften" sind nicht zu verwechseln mit der dauernden Verwendung des Wortes „Ich" und einem unangemessenen, weil überzogenen, „Ich-Standpunkt"! Bei letzterem werden die eigene Person, die eigene Bedeutung und das eigene Tun demonstrativ in den Vordergrund gerückt, wodurch sich der Gesprächspartner verprellt fühlen kann. Nicht das „Wir", sondern das „Ich" steht eben im Vordergrund.

Bei den „Ich-Botschaften" hingegen kommt es gerade darauf an, dem Gesprächspartner Raum für seine eigenen Auffassungen und Sichtweisen zu lassen, indem „man" sich selbst nicht hinter die unbegreiflich große und drohende Masse des „man" zurückzieht, sondern sich gerade offen zu seiner sujektiven Sichtweise bekennt, die einer gemeinsamen Prüfung zugänglich sind.

SIE-(DU)-Botschaften	ICH-Botschaften
„Mein Verhalten ist nur die Reaktion auf Dein/Ihr Verhalten." „Ich weiß, wie es war. Sie müssen es nur einsehen."	„Ich bin am Problem beteiligt und möchte zur Lösung beitragen." „Ich möchte Ihnen erklären, wie ich die Situation erlebt habe." „Für mich sind die folgenden Gesichtspunkte maßgeblich:" „Ich habe bisher folgende Lösungsvorstellungen entwickelt ..."

Abbildung 2-12: Einstellungen von „Ich-Botschaften" und „Du-(Sie-) Botschaften"

SIE-(DU)-Botschaften	ICH-Botschaften
„Das geht doch so überhaupt nicht. Sie hätten sich die richtigen Zahlen besorgen sollen." „Ihre Hauptabteilung legt offenbar immer großen Wert auf eine Sonderbehandlung. Wir können aber nicht dauernd auf Sonderwünsche eingehen." „Das ist ja lachhaft!"	„Mit ist Ihr Vorschlag so noch nicht einleuchtend. Ich bin aufgrund meiner Unterlagen von anderen Zahlen ausgegangen." „Wie lauten denn Ihre Gründe für den Mittelantrag? Mir ist eine gerechte Verteilung der Projektgelder wichtig." „Ich bin über Ihre Bemerkung verärgert. Und zwar aus folgendem Grund: ..."

Abbildung 2-13: Beispiele für „Du-(Sie-) Botschaften und ihre „Übersetzung" in „Ich-Botschaften"

„Ich-Botschaften" zu verwenden bedeutet nicht, sich überwertig in den Vordergrund zu drängeln, sondern bedeutet einen offenen und fairen Austausch von Meinungen und Gefühlen in einer vertrauensfördernden Atmosphäre. „Ich-Botschaften sind nicht die Merkmale eines kampfbetonten Durchsetzungsverhaltens (das kann an anderer Stelle nützlich sein!), sondern die Kennzeichen einer fairen Erörterung mit absichtsvoller Relativierung des eigenen Standpunktes und des eigenen Erlebens.

Das bedeutet aber andererseits bei aller gewollten Defensive keineswegs „duckmäuserisches Kleinbeigeben" oder Wischi-Waschi-Reden, bei dem keiner mehr den geäußerten Standpunkt versteht. „Ich-Botschaften" erlauben im Gegenteil gerade die selbstbewußte, souveräne und konfliktbereite Erörterung verschiedener Fragestellungen. Denn sachbezogenes Suchen nach Problemlösungen setzt persönliche Stärke voraus. „Pubertäres Selbstbehaupten" reicht hingegen schon für das Blockieren von Gesprächen aus.

2.3 Angst, Unsicherheit und Erfolg: Zur Selbststeuerung des Moderators

Als ob das alles so ganz einfach wäre! Mag ja sein, daß Sie über Ihre Persönlichkeitsstruktur Bescheid wissen und Ihren humanistischen Idealen sogar schon ziemlich nahegekommen sind. Mag weiter sein, daß Sie über die nötige Sachkompetenz verfügen, um über nahezu jedes Thema unmißverständlich zu diskutieren. Mag schließlich auch noch sein, daß Sie in jedem Gespräch sofort alles wissen über die Sach- und die Beziehungsebene, den Selbstausdruck der Beteiligten, die Appelle und was sonst noch dazugehört.

Nun geraten Sie aber vielleicht in eine Besprechungsrunde, die ganz andere Erwartungen an Sie als Moderator hat. Die Ihnen die Zügel weder überläßt noch abnimmt. Die zwar interne Konflikte hat, aber Sie dafür attackiert, daß Sie nicht die Lösung in der Tasche haben, bei der alle recht behalten. Was tun Sie? Wehren Sie sich? Nehmen Sie alles auf sich?

Oder Sie versuchen eine Sitzung zu moderieren, in der vor allem engagiert aneinander vorbeigeredet wird, in der aber alle glauben, sich untereinander verstanden zu haben. Was tun Sie? Klären Sie auf? Überlassen Sie die Diskussion ihrem Schicksal?

Oder Sie sind der Zirkusdirektor und im übrigen passiert in der Arbeitsgruppe nichts. Ihre Fragen verhallen ungehört in der plötzlich wahrnehmbaren Weite eines 50 Quadratmeter großen Besprechungsraumes. Es passiert erst etwas, wenn Sie Anstalten machen, sich zurückzuziehen: Ihnen wird in der Form höchst korrekt nahegelegt, die Sitzung gefälligst zum Erfolg zu führen. Was tun Sie? Wie setzen Sie die Sitzung fort?

Etwas abgehobener formuliert klingt das Problem so: Die strukturellen Voraussetzungen (persönliche, sachliche und technische Qualifikationen) des Moderators reichen für eine erfolgreiche Prozeßsteuerung allein noch nicht aus. Dazu muß zusätzlich

- die Sachkenntnis zur weiterführenden Argumentation werden,
- die Problemkenntnis zur klaren Zielorientierung werden,
- die Konfliktkenntnis zur integrativen Konfliktregelung werden,
- die Gruppenkenntnis zur fördernden Gruppensteuerung werden und vor allem
- die Selbstkenntnis zur konstruktiven Selbststeuerung werden.

Die Selbststeuerung des Moderators ist der bewußte Einsatz seiner eigenen Persönlichkeit mit dem Ziel, über sich selbst die Gruppe in Bewegung auf das vereinbarte Ziel hin zu bringen.

Aber wie schon geseufzt: Als ob das so einfach wäre!

Angst und Unsicherheit haben Auswirkungen auf den Moderator und dessen Moderationsverhalten, und mittelbar natürlich auch auf seinen Erfolg. Ziel der folgenden Gedanken ist es, Ihnen als Leser Anstöße zu geben, Ihr eigenes Moderatorenverhalten vor dem Hintergrund Ihrer einschlägigen Erfahrungen immer wieder offen selbst zu reflektieren, um schließlich immer wieder zu lernen und weiterzukommen.

Man könnte von zwei entgegengesetzten Moderatorentypen sprechen analog zu zwei Grunddispositionen menschlichen Verhaltens, nämlich vom

- Aktivisten und vom
- Zurückhaltenden.

Das Gemeinsame, das beide auf einer Dimension charakterisiert, ist der emotionale „Überdruck", der durch die Unsicherheit bzw. Angst bei der Moderation entsteht. Er führt bei jedem der beschriebenen Typen zu jeweils zwei unterschiedlichen Reaktionsweisen, die der Angstbewältigung dienen und sich schließlich in unterschiedliche Moderatorenverhalten äußern. Sie gehören zum jeweiligen Typ wie die zwei Seiten ein- und derselben Medaille: Eine für den Moderationsverlauf förderliche Seite und eine, die zu einem negativem Verlauf führen kann.

Welche dieser beiden Reaktionsmuster in der konkreten Situation überwiegend mobilisiert wird, die konstruktive oder die destruktive Reaktion, hängt wesentlich davon ab, wie der Moderator gelernt hat, mit unangenehmen Gefühlen umzugehen.

Bewertet er innerlich sein Lampenfieber als Grundvoraussetzung für einen guten „Auftritt"? Oder erlaubt er sich keine Aufregung, weil er sie als Bedrohung erlebt, die zusätzlichen Leistungsdruck verursacht?

Erlaubt er es sich, Mißerfolge zu reflektieren, um seine Grunddispositionen weiterzuentwicklen? Oder verdrängt er Mißerfolge, so daß er ohne wirksame Verhaltensänderung erneut Fehler in der Moderation macht?

Wir schauen uns zunächst beide Grundtypen in der konkreten Moderationssituation an. Danach gehen wir auf die Frage ein, wie ein Abrutschen in die destruktive Variante zu verhindern ist.

2.3.1 Der Aktivist

Der Aktivist ist der ständig präsente Moderator. Er befindet sich während der gesamten Moderation „auf dem Sprung". Seine Körperhaltung ist gespannt nach vorn gebeugt. Sein Gesicht drückt Interesse aus. Aus seinem regen Mienenspiel können die Gruppenmitglieder seine emotionale Beteiligung ablesen. Oft sitzt er auf der Vorderkante des Stuhles, ständig zum Einschreiten bereit.

In seiner positiven Ausprägung nimmt er jede Regung der Gruppe feinfühlig wahr und hält sich bereit, alles mit einer Intervention zu beantworten.

Er wird in einer verunsichernden, Situation vermutlich mit einer „Flucht nach vorn" reagieren. Hierzu steht ihm eine Fülle von methodischen Ideen zur Verfügung. Er versucht mit Aktivitäten, wie

– methodischen Vorschlägen,
– inhaltlichen Zusammenfassungen,
– kurzzeitigen Veränderungen des Themas etc.

schwierigen Situationen zu begegnen. Seine rege Krisenphantasie, läßt ihn etliche Reaktionsmöglichkeiten entwicklen.

Er hat sich im Vorfeld Gedanken gemacht über die folgenden Fragen:

- Was tun, wenn nichts passiert ?
- Was mache ich, wenn ich keinen optimalen Einstieg finde?
- Wie verhalte ich mich, wenn jemand versucht mich an die Wand zu spielen?

Diese Herausforderung hat er entsprechend genutzt, um bereits in der Vorbereitung auch Lösungsmodelle zu entwickeln:

- Er nutzt die Kartenabfrage um den einzelnen Teilnehmer zu aktivieren.
- Er bildet Kleingruppen mit fest umrissenen Aufgaben und Fragestellungen.
- Er verfügt über vorbereitete alternative Einstiegsmöglichkeiten.
- Er umgeht kritische oder lähmende Situationen sofort mit Kleingruppenarbeit
- Er wertet die Beiträge seines Gegenübers betont auf.
- Er läßt sich auf keinen Fall in einen persönlichen Konflikt vor der Gruppe verwickeln, spricht allerdings die Störung auf der Beziehungsebene sensibel und unter vier Augen an.

Diese Vorbereitungen erhöhen seine Flexibilität.

Sein hoher Grad an emotionaler Energie führt nicht zu einer Blockade sondern elektrisiert ihn, sensibilisiert ihn für die Gruppe. Er ist im positiven Sinne engagiert.

In der negativen, destruktiven Variante übersteuert der Aktivist und dominiert die Gruppe durch „blinden" Aktionismus.

Es gelingt ihm nur schwer, in Ruhe und Gelassenheit die Arbeitsprozesse der Gruppe abzuwarten. Er hat Schwierigkeiten, die Teilnehmer eigene Ideen entwickeln zu lassen, ohne zu stark steuernd einzugreifen. Es gelingt ihm nicht, seine starke Emotionalität in den Dienst des Gruppenprozesses zu stellen. Sein Temperament geht mit ihm durch. Er unterbricht einzelne Teilnehmer häufig und handelt sich negative Reaktionen der Gruppe ein. Dies spürend (und mit dem Rezept „Aktion" im Kopf) versucht er auch, durch vermehrte Interventionen den Prozess wieder auf seine Seite zu ziehen. Er monologisiert, bringt seine subjektive Meinung ein und versucht so, die Diskussion inhaltlich in seine Richtung zu beeinflussen.

Hierdurch macht er sich aber erst recht angreifbar, verwickelt sich in Richtigstellungs-Diskussionen und verliert damit seine Neutralität. Er wird in die Polarisierung der Gruppe hineingezogen. Dies hat zur Folge daß er einen Teil der Teilnehmer gegen sich aufbringt. Das kostet ihn die Akzeptanz auch jenes Teils der Gruppe, der einen neutralen, den Prozess distanziert steuernden Moderator sucht und braucht.

Schlimmstenfalls versucht der Aktivist auch hier wieder mit Aktionen den Verlauf „zu retten", statt sich und der Gruppe den nötigen, versachlichenden und beruhigenden, Abstand zu gönnen. Es fehlt ihm und der Gruppe der Abstand, die Verwicklungen zu erkennen, aufzulösen und konstruktiv weiterzuarbeiten.

So wird seine Moderation möglicherweise zum Grund des Scheiterns einer konstruktiven Arbeit. Er wird schnell zum offiziell Schuldigen, zum Sündenbock gemacht, der sich durch die Inflation seiner Beiträge selbst entwertete und den eigenständigen Gruppenprozess störte.

Der Aktivist in seiner negativen Ausprägung muß wegen seines innerlichen (z.T. unbewußten) Sicherheitsbedürfnisses die Zügel geradezu zwanghaft in der Hand halten. Er muß seinetwegen Aktionspunkte setzen, um sie wieder in die Hand zu bekommen.

Was kann der Aktivist nun tun um diese destruktive Seite, in die ihn sein „Überdruck treiben kann, zu vermeiden? Wie gelingt es ihm aus einer sich bereits entwickelten negativen Dynamik wieder auszusteigen?

Die folgenden Regeln sollen praktische Hilfen zur inneren und äußeren Selbststeuerung eines aktiven bis interaktiven Moderators darstellen. Ihre Wirkung ergibt sich allerdings erst bei einer häufigen Übung und praktischen Anwendung.

Acht Regeln zur Selbststeuerung für den Aktivisten

1. Selbsterkenntnis/ Situationsanalyse
   Sich über sein Lampenfieber in der Vorbereitungssituation bewußt zu werden, bietet die Chance zu folgenden Fragen:

   – Welche Verhaltensautomatismen können mir konkret durch meine Aufregung unterlaufen?

- Wie kann ich diese im Eifer der Moderationssituation an mir selbst bemerken (Indikatoren)?
- Was kann ich konkret tun, um sie zu vermeiden?

2. Die eigene Aufregung positiv bewerten:
„Ich spüre meine emotionale Energie, die mir helfen wird, die Situation konstruktiv zu bewältigen. Sie wird mir helfen, viele Ideen parat zu haben, die ich gegebenenfalls einsetzen kann."

3. Sich auf schwierige Moderationssituationen vorbereiten:
Die eigenen Krisenphantasien konstruktiv nutzen. Nur ein phantasieloser Mensch kennt die Gedanken nicht: „Was wäre wenn..." Sie können hilfreich sein für das Entwickeln von Handlungsalternativen im Rahmen der Moderation.

- Welche für mein Empfinden schwierigen Situationen könnte es bei dieser Moderation geben?
- Mit welchen konkreten Maßnahmen kann ich ihnen begegnen?
- Welche immer wieder auftauchender Problemsituationen könnte ich im Rollenspiel trainieren (z.B. in einem Moderatorentraining)?

4. Zurückhaltung aktiv üben:
Zurückhaltung ist der Wert, der es erlaubt, daß sich andere Meinungen herausbilden können.

Nehmen Sie deshalb immer wieder während der Moderation bewußt innerlich und äußerlich eine zurückhaltende, zurückgelehnte Haltung ein.

5. Moderationspausen im Zeitplan vorsehen:
Diese verhelfen sowohl den Teilnehmern als auch dem Moderator zur Distanz. Ein erneutes entspannteres Durchstarten hilft schwierige Situationen auflösen und gibt Zeit, den bisherigen Verlauf zu reflektieren.

6. Genügend methodische Schritte einplanen, in denen die Gruppe aktiv wird:
Kartenabfrage, Kleingruppenarbeit oder Präsentationen, erhöhen die Verantwortung des einzelnen Teilnehmer für das Ergebnis. Sie machen die Moderation lebendiger und entlasten den Moderator.

7. Bei einem bereits überaktiven Moderator:
   - Zündschlüssel nach links drehen und abziehen, Moderator langsam abkühlen lassen
   - eine (unplanmäßige) Pause einlegen;
   - Themen für Kleingruppen (konkrete Fragestellung) überlegen;
   - Kleingruppenarbeit mit anschließender Präsentation einleiten;
   - mit zurückhaltender, zurückgelehnter Haltung die Ergebnisse zusammenfassen.

8. Regeln visualisieren:
   Visualisieren Sie gut sichtbar für alle in der Gruppe die Regel (z.B. als Plakat an der Wand): „Nicht der Moderator, sondern die Gruppe ist primär für die sachlichen Ergebnisse verantwortlich."

2.3.2 Der Zurückhaltende

Der Zurückhaltende flieht im Gegensatz zum Aktivisten vor seinen Unsicherheiten und seiner Angst nach „hinten" in die Zurückhaltung.

Jedes zuviel gesprochene Wort, jede Information aus seinem Munde, scheint zuviel „Munition" für eventuelle „Gegner" in der Gruppe zu liefern. Die Folge: Die Gruppe muß sich um den zurückhaltenden Moderator bemühen, muß ihn gewinnen.

In der positiven Ausprägung wird der Zurückhaltende als dezent, unaufdringlich und angenehm erlebt. Er sitzt zurückgelehnt in seinem Stuhl, verfolgt mit äußerlich mäßigen Regungen den Gruppenprozess, in den er nur sparsam eingreift.

Er ist Meister in der Kunst, das Geschehen sich entwickeln zu lassen und vertraut darauf, das alles Gute bekanntlich seine Zeit braucht.

Selbst in kritischen Gruppensituationen mahnt er zur Bedächtigkeit, kann ohne Probleme mit ungeklärten Fragen in die Pause gehen, oder die Teilnehmer in Kleingruppen eigene Lösungen erarbeiten lassen. Er setzt auf die Lösungsfähigkeit jedes Einzelnen und das vorhandene Potential der Gruppe, eine gute Lösung zu finden.

Ein zurückhaltender Moderator führt die Gruppe mit begrenztem Einsatz der eigenen Person. Er strahlt eine solche Ruhe und Vertrauen aus, daß mit der Zeit auch aufgeregte Teilnehmer angesteckt werden.

Er hält etwas auf Distanz und läßt nur begrenzt Informationen über „den Menschen Moderator" durchblicken, ohne dabei allerdings kalt zu wirken.

Er greift nur in den Gruppenprozeß ein, wenn es erforderlich ist. Seine Präsenz ist jedoch spürbar. Er zeigt eine ruhige Autorität.

Eigene Beiträge zu Themen wird er nur wenig einfließen lassen. Bei ihm wird sich die Gruppe ihre Beiträge überwiegend selbst erarbeiten.

Auch der zurückhaltende Moderator hat sich im Vorfeld Gedanken gemacht über die drei Fragen:

– Was tun, wenn nichts passiert ?
– Was mache ich, wenn die Gruppe keinen optimalen Einstieg findet?
– Wie verhalte ich mich, wenn jemand versucht, mich an die Wand zu spielen?

Die voraussichtlichen Antworten sehen nun etwas anders aus als beim Aktivisten:

– Er wird zunächst den Prozeß der Gruppe abwarten. Sollte sich nichts ergeben, wird z.B. über Kleingruppen zu konkreten Aufgabenstellungen übergehen, oder er wird eine Kartenabfragen durchführen. Sein Ziel ist, die Gruppe aktiv werden und eine Lösung finden zu lassen
– Für ihn lautet die „goldene Regel": „Weg von der eigenen Person". Einen „Angreifer" dominieren lassen bis er von der Gruppe gebremst wird oder sich durch Fehler selbst disqualifiziert.
– Letzte Möglichkeit: Offenes Ansprechen des Konfliktes auf der Beziehungsebene.
– Auf jeden Fall gilt: In Ruhe abwarten und den richtigen Moment abpassen. Für ihn gilt das innere Motto: „Ein Bär fängt Fische nicht, indem er ihnen nachschwimmt, sondern indem er zugreift, wenn sie vorbeikommen."

Angst und Unsicherheit führen bei der positiven Ausprägung des Zurückhaltenden u.U. zu einer Art „Versteckspiel mit der eigenen Person". Dies bildet einen hilfreichen emotionalen Schutz und verhindert eine falsche Kommunikation. Seine wenigen Worte bekommen ein umso größeres Gewicht.

In der Regel werden sich Gruppenmitglieder vom zurückhaltenden Moderator nicht bedrängt fühlen, sondern auf ihrem Weg der Meinungsbildung hilfreich begleitet sehen.

In seiner negativen Ausprägung, als Passivist, übertreibt der Zurückhaltende das Versteckspiel. Er untersteuert die Gruppe und läßt sie ohne genügende Orientierung.

Der Passivist hält sich völlig zurück. Er sitzt zurückgelehnt bis schlaff in seinem Stuhl und blickt eher abwesend vor sich hin. Den Teilnehmern ist der Zweck seiner Anwesenheit nicht recht klar. Einige fragen sich „Wofür bekommt der eigentlich sein Geld?" Er wird von der Gruppe als zu unauffällig, ja geradezu als schüchtern erlebt.

Wird dies am Anfang von der Gruppe zuweilen als „Masche", als besonderer Trick oder besondere Souveränität interpretiert, so merkt man nach einigen schwierigeren Situationen, daß die hilfesuchenden Blicke der Teilnehmer unbeantwortet bleiben. Es entsteht ein Machtvakuum, das schnell von den Mächtigen der Gruppe gefüllt wird.

Der Passivist läßt dies überwiegend geschehen und fühlt sich nicht in der Lage in den Prozeß einzugreifen. Seine Interventionsversuche kommen zaghaft und in der Regel zu spät. Das führt dazu, daß er bei der weiteren Arbeit nicht mehr richtig ernst genommen wird.

Der Passivist verarbeitet dies innerlich als Grund, sich noch mehr als bisher zurückzuziehen. Seine Unsicherheit nimmt zu. Seine Demontage schreitet kreisförmig stetig fort.

Die Gruppe fühlt sich allein gelassen. Bei allen entsteht Frustration, besonders dann, wenn ein einvernehmliches Ergebnis nicht erzielt werden kann. Diese Frustration wird zur Aggression gegen den Passivisten. Für diesen bedeutet der Ablauf dann die erneute Bestätigung , Moderation in Zukunft ganz zu lassen oder sich das nächste Mal wenigstens geschickter zu verstecken.

Die folgenden Regeln sollen praktische Hilfen zur inneren und äußeren Selbststeuerung eines zurückhaltenden bis passiven Moderators geben. Ihre Wirkung entfaltet sich allerdings erst nach häufiger Übung in der Praxis.

Acht Regeln zur Selbststeuerung für den Zurückhaltenden

1. Selbsterkenntnis/ Situationsanalyse
   Sich über seine Angst und Unsicherheit in der Vorbereitungssituation bewußt zu werden, bietet die Chance zu folgenden Fragen:
   - Welche Fehler können mir konkret durch meine Angst unterlaufen?
   - Wie kann ich diese in der Moderationssituation an mir selbst bemerken (Indikatoren)?
   - Was kann ich konkret tun, um sie zu vermeiden?

2. Die Fähigkeit zur Zurückhaltung positiv bewerten:
   „Ich bin in der Lage mich zurückzuhalten und Anderen Raum zu geben, sich zu entfalten. Damit dieser Raum gewahrt bleibt werde ich dann steuernd in den Prozess eingreifen, wenn der Ablauf es erfordert.

3. Sich auf schwierige Moderationssituationen vorbereiten:
   Die eigenen Krisenphantasien konstruktiv nutzen. Nur ein phantasieloser Mensch kennt die Gedanken: „Was wäre wenn..." nicht. Diese können hilfreich sein für die Vorbereitung auf Gefahrenmomente im Arbeitsprozeß (Entgleisungs-Situationen)
   - Welche für mein Empfinden schwierigen Situationen könnte es bei dieser Moderation geben?
   - Mit welchen konkreten Maßnahmen kann ich ihnen begegnen?
   - Welche immer wieder auftauchenden Problemsituationen könnte ich im Rollenspiel trainieren (z.B. in einem Moderatorentraining)?

4. Eine Entscheidung treffen:
   Stellen Sie sich in der Vorbereitungsphase die Frage, ob Sie die Moderation durchführen wollen oder nicht.
   - Was spricht dafür, was dagegen?

5. Erfolgsassistenten einsetzen:
   Suchen Sie sich einen „Erfolgsassistenten", mit dem Sie die Maßnahmen von Regel 3 noch einmal durchsprechen und eventuell modifizieren.

6. Die eigenen Ansprüche an die Moderation überprüfen:
   Überprüfen Sie in der Vorbereitungsphase noch einmal Ihre Ansprüche an einen idealen Moderator.

- Welchen Ansprüchen können, wollen Sie in dieser konkreten Moderation gerecht werden?
- Welche Etappenziele für die einzelnen Moderationsphasen sind sinnvoll?

7. Bei einer bereits zu zurückhaltend geführter Moderation:
   - Leiten Sie eine (unplanmäßige) Pause ein.
   - Bereiten Sie eine konkrete Fragestellung für eine Kartenabfrage vor.
   - Leiten Sie diese Kartenabfrage in der Gruppe an.
   - Fassen Sie die Ergebnisse der Kartenabfrage in einigen Hauptthesen zusammen.
   - Bitten Sie die Gruppe mit offenen Fragen zur Stellungnahme.
   - Leiten Sie die Diskussion und führen Sie eine Rednerliste.
   - Überlegen Sie sich andere Aufgaben-Möglichkeiten für die Gruppe, und halten Sie sie schriftlich fest.

8. Sie sind als Moderator für den Gruppenprozeß verantwortlich.
   Wenn Sie sich zu stark zurückhalten, werden andere passive Teilnehmer kaum zu Wort kommen. Unterstützen Sie diese von vornherein immer wieder bewußt, indem Sie ihnen Fragen stellen oder sie behutsam in den Arbeitsprozeß einbinden, z.B. durch Stellungnahmen, Präsentationen oder Teilaufgaben.

Zusammenfassung:

Zusammenfassend kann man folgendes sagen: Unsicherheit und Angst beeinflussen den Moderationsprozeß, sind jedoch alltägliche Phänomene.

Ursache ist die Angst von Menschen, sich unüberschaubaren Prüfungs- bzw. Leistungssituationen zu stellen. Unsicherheit und Angst werden unterschiedlich stark erlebt, je nach der Bedeutung, die der Moderator der zu bewältigenden Situation interpretativ beimißt.

Unsicherheit und Angst stellen aber auch eine emotionale Energie dar, die den Moderator stimulieren kann, seine Aufgabe engagiert, sensibel und konstruktiv zu bewältigen.

Diese Energie trifft jeweils auf eine bestimmte „Grunddisposition" des Moderators:

- auf den Aktivisten
- oder den Zurückhaltenden.

Diese „Grunddispositionen" oder „akzeptierten Rollen" wurden aufgrund früher Lebenserfahrungen erlernt und können bedingt und allmählich verändert werden. Sie führen zu sehr unterschiedlichen Arten, eine Moderation durchzuführen und können sowohl positive als auch negative Folgen für den Verlauf haben:

Der Aktivist neigt zum Übersteuern, der Zurückhaltende zum Untersteuern im Moderationsprozeß. Beides ist jedoch durch das Einhalten bestimmter Regeln positiv beeinflußbar.

Voraussetzung ist die Bereitschaft, sich mit der eigenen Unsicherheit und Angst auseinanderzusetzen. Der Moderator kann sein Moderationsverhalten optimieren wenn er sich immer wieder mit dem eigenen Verhalten kritisch befaßt und es je nach Situationsanforderung verändern kann.

3. Aspekte der Gruppendynamik

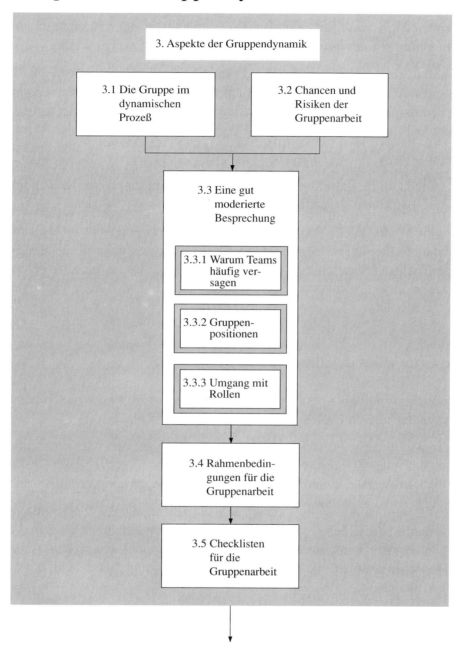

Abbildung 3-0: Gedankenflußplan zum 3. Kapitel

Warum, so frage ich mich manchmal, finden überhaupt Sitzungen statt? Wozu setzt man sich immer wieder aufs neue einem öden, langweiligen, zeitverschlingenden Ritual aus? Bei dem oft nicht einmal etwas herauskommt und bei dem man hinterher nur das eine weiß: daß man das schon vorher wußte.

Auch wenn es manchem Leser aufgrund seiner leidvollen Erfahrungen als Sitzungsteilnehmer aus dem Blick geraten ist: „Beim Lösen von Problemen sind Gruppen prinzipiell dem einzelnen überlegen."[10] Natürlich bedeutet „prinzipiell" hier nicht soviel wie „in jedem Fall", sondern soviel wie „in der Regel"; wobei man heute weiß, daß sich dies weniger auf logische Probleme bezieht, bei denen oft ein einzelner einer Gruppe faktisch überlegen ist. Und es bezieht sich auch nicht auf Fragestellungen, bei denen die Fachkompetenz der Teilnehmer sehr weit auseinanderklafft.

Aber es gibt gerade solche Probleme des „Suchens und Fragens", um Hofstätter einmal aufzugreifen, bei denen Gruppen dem einzelnen in der Regel überlegen zu sein pflegen. Das hat eine Reihe von Gründen, auf die ich in Abschnitt 3.2 eingehen möchte. Zuvor müssen wir uns ein Bild von dem Phänomen „Gruppe" machen.

3.1 Die Gruppe im dynamischen Prozeß

In der Sozialpsychologie spricht man dann von einer Gruppe, wenn folgende Bedingungen erfüllt sind:

– Es kommen mehrere Personen zusammen, in der Regel drei oder mehr, die
– ein gemeinsames Ziel anstreben und die
– sich in ihrem Verhalten und ihrer Arbeitsleistung gegenseitig beeinflussen.

Der Begriff „Gruppendynamik" dient zur Kennzeichnung der vielgestaltigen Phänomene, die im „Leben" einer solchen Gruppe wahrzunehmen sind. In Anlehnung an Lewin[11] wird damit das Kräftespiel bezeichnet, das sich zwischen diesen Menschen abspielt, die miteinander in Interaktion getreten sind, um ein Ziel zu verfolgen.

Gewöhnlich ist die Zusammenarbeit in einer solchen Arbeitsgruppe nicht ganz problemlos. Erst wenn sich eine stabile Gruppenstruktur, das heißt: eine angemessene Beziehungs- und Aufgabenverteilung, herausgebildet hat, ergibt sich eine produktive Arbeitsatmosphäre.

Der Prozeß der allgemeinen Gruppenbildung läßt sich in vier Phasen beschreiben[12], die mehr oder weniger deutlich von den meisten Gruppen durchlaufen werden, so auch von moderierten Gruppen:

1. Formierungsphase (Forming)
   In der Formierungsphase finden sich die potentiellen Gruppenmitglieder zusammen, noch ohne eine gemeinsame Struktur, Normen oder konkrete Ziele zu haben. Sie prüfen die gemeinsame Arbeits- und Beziehungs-Situation, entdecken, testen und bewerten die gegenseitigen Verhaltensweisen. Der Gruppenleiter oder der Moderator sieht sich besonderer Beobachtung ausgesetzt. Die Phase ist gekennzeichnet durch hohe Erwartungen einerseits und faktisches Abwarten andererseits.

2. Konfliktphase (Storming)
   Nach dem „Anwärmen" der Gruppe ist in der Konfliktphase die soziale Organisation der Gruppe zu installieren. Dabei entstehen verschiedene Sach- und Beziehungs-Konflikte zwischen einzelnen Mitgliedern oder Untergruppen. „Machtkämpfe" werden ausgetragen. Polarisierungen finden statt. Die Rolle des Moderators ist in dieser Phase für die Qualität der späteren Gruppenarbeit von vorentscheidender Bedeutung. Wie „gut" die Konfliktregelung ausfällt, hängt aber in erster Linie von der Qualität der Kommuniktion ab.

3. Normierungsphase (Norming)
   In der Normierungsphase werden die Widerstände überwunden, die Konflikte allmählich beigelegt. Somit kann sich dann auf der Grundlage des zuvor erreichten Konsenses ein Gruppengefühl entwickeln. Nach innen und außen entsteht ein identifizierbares und souveränes Team. Nach innen wird die Gruppe in dieser Phase arbeitsfähig.

4. Arbeitsphase (Performing)
   Die Arbeitsphase wird dann getragen von dem gemeinsamen Bewußtsein, daß die Teilnehmer voneinander lernen können und gemeinsam das Gruppenziel besser erreichen als einzeln. Ihre Energie wird effektiv genutzt, da die aufgebaute Gruppenstruktur im Dienst der Aufgabenaktivität steht.

Das vorgestellte Phasenmodell ist insofern idealtypisch, als die tatsächliche Gruppendynamik nicht notwendigerweise alle Phasen in dieser Reihenfolge durchlaufen muß. Manche Arbeitsgruppen leben in einem ständigen Wechsel von Formierung, Konflikt und Neuformierung, ohne je zum Arbeiten zu kommen. Andere treten über Jahre hinweg nicht zusammen und setzen dennoch erfolgreich ihre Arbeit fort, ohne auch nur die Normierungsphase noch einmal aufleben zu lassen.

==Der weitaus häufigste Fall ist aber der der vorweggenommenen Arbeitsphase, ohne daß Formierung, Konflikt und Normierung wirklich durchlebt wurden. Diese Form der Gruppenarbeit ist allgemein unter dem Begriff „Wurschteln" bekannt.==

Selbstverständlich läßt das Konzept Rücksprünge auf frühere Phasen zu. Wenn sich die Zusammensetzung, die Aufgabe oder Umfeldbedingungen der Gruppe ändern, kann eine Veränderung notwendig werden oder sich „von selbst" einstellen[13].

Im Verlauf des Prozesses bilden sich sogenannte Gruppen-Normen heraus, die für die Gruppenmitglieder bindend sind. Sie beziehen sich auf die Sachaspekte, Vorgehensweisen und auf das Verhalten miteinander.

Gruppen, die bereits längere Zeit bestehen, zeigen oft die Tendenz, ihre leistungsschwächeren Mitglieder auf das Niveau des guten Durchschnitts zu heben oder aber die Besseren leistungsmäßig herunterzuholen. Die Gruppe sorgt damit für eine „Kleinhaltung" der individuellen Unterschiede. Gleichzeitig tritt ein Prozeß der Angleichung der Gruppenmeinungen ein. Notorische Störer und Besserwisser werden tendenziell isoliert und eventuell ganz aus der Gruppe ausgestoßen. Dasselbe Schicksal können „Versager" erleiden. Die Gruppe, die sich mit der Gruppenleistung voll identifiziert („Wir sind wieder wer."), distanziert sich von früheren Mißerfolgen. Ein Sündenbock wird eventuell „in die Wüste" geschickt.

3.2 Chancen und Risiken der Gruppenarbeit

- Die Gruppengröße erhöht die Wahrscheinlichkeit dafür, daß eine passende Idee gefunden oder ein problemadäquater Ansatz entdeckt wird. Zehn Köpfe sehen, hören und denken meist mehr als einer. Der Umfang der in der Gruppe vorhandenen Informationen ist einfach größer als beim einzelnen.

- Die Gruppengröße erhöht die Vielfalt der Ideen und Informationen und gleichzeitig die Chance zu ihrer kreativen Verknüpfung.
- Die Interaktion innerhalb der Gruppe wirkt sozusagen als Irrtumsausgleichsmechanismus. Hierin liegt ein wichtiger Vorzug der Gruppe.
- Die Interaktion innerhalb der Gruppe bewirkt eine soziale Unterstützung des einzelnen und baut bei ihm meistens Ängste ab. Die so gewonnene Sicherheit fördert wiederum die Motivation und die Leistungsfähigkeit der Gruppe und die Identifikation mit dem weiteren Vorgehen. Den einzelnen Gruppenmitgliedern wird häufig stärkerer Rückhalt und Unterstützung gegenüber der Gesamtorganisation und ihren Anforderungen gegeben. Die Gruppe dient dann als Vehikel zur Erfüllung der individuellen Bedürfnisse nach Kontakt, nach unmittelbarem Austausch, nach Anerkennung und einer Bestätigung durch andere, nach Feedback und der dadurch möglichen Orientierung in fachlicher und menschlicher Hinsicht. Eine anonyme Organisation als Ganzes kann diese nicht oder nur wenig erfüllen.
- Die Interaktion innerhalb der Gruppe fördert die positive Konkurrenz der Mitglieder um Anerkennung und hebt so mittelbar die Qualität der Beiträge. Eine gut funktionierende Gruppe bietet die Chance zu einem anregenden Wettbewerb ohne Verlierer. Die Anstrengungen richten sich nicht gegen Kollegen, sondern auf die Lösung der anstehenden Probleme. Durch die stimulierende offene Kommunikation können verschiedene Sichtweisen und Einzelbeiträge integriert werden zu einer Gesamtlösung, an deren Erfolg alle partizipieren können. So kann die Gruppe zum Aktionszentrum von Kreativität, Innovation und Produktivität werden.
- Die Interaktion innerhalb der Gruppe fördert die Akzeptanz einer Gruppenentscheidung durch die stärkere Identifikation ihrer Mitglieder mit dem Ergebnis. Die Gruppe wirkt als ein konstruktives Beratungs- oder sogar als ein Entscheidungsvorbereitungsgremium. Inwieweit sie zum Tragen kommt, ist natürlich von den im jeweiligen Unternehmen konkret gegebenen Entscheidungs-Strukturen und Führungsverhältnissen abhängig. In jedem Falle wird die Mitverantwortung durch transparente und rechtzeitige Information, durch offene Erörterung und durch das Gefühl des Gehörtwerdens entscheidend gefördert.
- In einer Gruppe mit einem starken „Wir"-Gefühl können Meinungsunterschiede oder Interessengegensätze oder auch schärfere Konflikte in einem fairen Stil ausgetragen werden. Die anderen Gruppenmitglieder schauen dann nicht peinlich betreten weg oder verlassen gar unter Hinweis auf den

„unmöglichen Ablauf" den Raum, sondern ergreifen aktiv die Chance zur Unterstützung aller Beteiligten. Dies zeigt sich unter anderem in dem Bemühen um ein aktives Zuhören, in den „Übersetzungs-" und Klärungs-Hilfen, die die wechselseitige Verständigung erleichtern sollen, sowie in den Relativierungen und realitätsbezogenen Überprüfungen der geäußerten Standpunkte.

Die aufgezählten Chancen stellen jedoch zugleich auch Risiken dar:

- Mit der Gruppengröße wächst die Zurückhaltung vieler Gruppenmitglieder.
- Mit der Gruppengröße wächst die Wahrscheinlichkeit der Verwirrung in bezug auf sachliche Fragen und präzise Informationen.
- Gruppengröße und destruktive Interaktion können Mißverständnisse nachhaltig vertiefen und verstärken.
- Die Kommunikation auf der nonverbalen Ebene kann ein Gruppenklima schaffen, das den Gruppenzielen sehr abträglich ist, nämlich die Lösung der Sachfragen blockieren oder die positive Zusammenarbeit behindern.

Für den betrieblichen Alltag ist ein relativ fester Zusammenhalt, eine hohe Kohäsion der Gruppe wünschenswert, da hierdurch die Identifikation mit den Ergebnissen deutlich erhöht wird. Das bereits angesprochene „Wir"-Gefühl, das die Gruppenmitglieder enger aneinanderbindet, entsteht manchmal schon durch den häufigen Umgang miteinander: Vorurteile werden abgebaut und Sympathien geweckt. Man entwickelt gemeinsame Spielregeln, eine gemeinsame Sprache, gemeinsame Ziele und eine gemeinsame Verantwortung.

Als Moderator haben Sie verschiedene Möglichkeiten, diese Kohäsion zu fördern:

– Versuchen Sie, die Anzahl der Gruppenmitglieder relativ klein zu halten, damit die Wahrscheinlichkeit eines unmittelbaren Kontaktes erhöht wird (am besten 5-7, höchstens aber 15-16 Teilnehmer).
– Es sollte ermöglicht werden, daß die Kommunikation zwischen den Gruppenmitgliedern weitgehend direkt aufrechterhalten bleibt. Dies können Sie zum Beispiel durch häufiges Auflösen des Plenums in Kleingruppen erreichen.
– Einem Team von Gewinnern anzugehören, ist für nahezu jeden attraktiv. Versuchen Sie deshalb, der Gruppe Erfolgserlebnisse zu vermitteln. Offene und realistische Anerkennungen gehören unbedingt dazu.

– Versuchen Sie, ähnliche Werte, Interessen, Ziele und Meinungen der Gruppenmitglieder deutlich positiv herauszustellen.

3.3 Spiele, Positionen und Rollen in der Gruppe

Rollen sind wichtige Elemente im alltäglichen Besprechungstheater. Daß dabei im Ergebnis Spiele stattfinden, ja ganze Komödien und Tragödien sich ereignen können, ist ebenso bekannt wie dramatisch.

3.3.1 Warum Teams häufig versagen

In zahlreichen Gruppen sind mehr oder weniger regelmäßig wiederkehrende Beziehungsabläufe, sogenannte „Spiele", zu beobachten, die gar nicht unbedingt lustig sind und die die Arbeit erheblich beeinträchtigen können.

Diese „Gruppenspiele" (es kann sich dabei um ein bewußtes oder ein unbewußtes Verhalten handeln) untergraben und blockieren konstruktive Arbeit.

Die folgende Auswahl erhebt keineswegs den Anspruch auf Vollständigkeit und dürfte dennoch eine Reihe auch Ihnen bekannter Muster aufzählen. Sie soll Ihre Phantasie anregen und Ihre Aufmerksamkeit dafür erhöhen, welche Spiele Sie vielleicht in Ihrer Arbeit beobachten können.

– Das Beißzangen-Spiel:
  Die einschlägigen Meinungen werden im voraus mit einigen Kollegen abgesprochen und später in der Gruppe manipulativ umgesetzt.

– Das Jammer-Spiel:
  Teammitglieder gehen in eine Besprechung, um dort ihren Frust loszuwerden.

– Das Verlierer-Gewinner-Spiel:
  Teammitglieder versuchen, die ihrer Meinung nach falschen Anteile in den Aussagen anderer festzustellen, um diese damit in der Gruppe bloßzustellen.

– Das Schweige-Spiel:
  Der Problemlöseprozeß im Team wird (angeblich interessiert) beobachtet, Stellungnahmen werden nicht abgegeben; man läßt die anderen unkommen-

- Das Ideen-Killer-Spiel:
  Man versucht ständig, unbrauchbar erscheinende Ideen anderer zu korrigieren oder ganz „abzuschießen".

- Das Schwarzer-Peter-Spiel:
  Wenn ein Problem in der Gruppe auftaucht, wird nach dem Schuldigen gesucht, anstatt Lösungsansätze zu diskutieren.

- Das Beleidigte-Leberwurst-Spiel:
  Man demonstriert persönliche Kränkung, um andere auf die eigene Linie zu bringen.

- Das Helikopter-Spiel:
  Man produziert anfänglich eine Vielfalt von Ideen, Beiträgen und Vorschlägen und zieht sich anschließend aus dem Geschehen zurück.

- Das CIA-Spiel:
  Falsche Fakten werden ausgestreut, um ein bestimmtes Ergebnis zu erzielen.

- Das Diva-Spiel:
  Die Höhe des sozialen Ranges, die Hierarchieebene oder der akademische Grad bestimmen, ob und inwieweit ein Beitrag für richtig gehalten wird.

- Das Kompetenz-Spiel:
  Experten und Vorgesetzte erheben den Anspruch, nur ihre Aussagen seien richtig. Die Vorschläge oder Einwände von weniger gut informierten Mitarbeitern oder Untergebenen werden „vom Tisch gefegt".

- Das Blinde-Kuh-Spiel:
  Das Team hat keine hinreichende Problemlösungs-Strategie. Es bleibt in einer Sackgasse bei der Behandlung eines unwesentlichen Details hängen.

- Das Profilierungs-Spiel:
  Ein Vielredner übernimmt faktisch die Funktion des Besprechungsleiters.

- Das Holzstöckchen-Spiel:
  Einige wechseln aufgrund eines Stichwortes immer wieder das Thema. Man gibt vor, an dem neuen Aspekt interessiert zu sein, bezweckt aber Unverbindlichkeit.

- Das Ballon-Spiel:
  Sich für wichtige Besprechungen aufblasen, um einen guten Eindruck zu

- Das Jubel-Spiel:
  Ein Team wird gegründet, allerdings ohne Befugnisse, nur um die Ideen eines „Vorsitzenden" zu bejubeln.

- Das Alibi-Spiel:
  Ein Team wird gegründet, um mit Ausreden Verzögerungen und Fehler zu unterstützen.

- Das Schmarotzer-Spiel:
  Ein Vorgesetzter gründet ein Team, das Ideen produziert, dann aber ergebnislos aufgelöst wird. Nach einer angemessenen Zeit erscheinen diese Ideen als Eigenentwicklungen des Vorgesetzten.

Die Problematik der Spiele besteht darin, daß der Gruppenprozeß energisch auf der Stelle tritt und wertvolle Energien verschwendet werden. Die Aufgabe des Moderators ist es, Spiele als solche zu erkennen, zu entlarven und zu beenden.

Dazu muß er die Positionen und Rollen, die die Teilnehmer einnehmen und spielen, kennen und erkennen.

3.3.2 Gruppenpositionen: „Stabile" Rollen durch „fixierte" Verhaltensgewohnheiten

Nach Heigl-Evers/Heigl können folgende Gruppenposionen unterschieden werden:

1. ALPHA-Typ: Der Repräsentant der Gruppenaktion

   ALPHA hat die Rolle des Führers, Sprechers, Initiators und Regisseurs inne. Er ist dazu motiviert, Stärke zu zeigen und sich durchzusetzen.

   Innerhalb des Gruppengeschehens kann der vorhandene Geltungsanspruch jedoch auch dazu führen, daß er alternative Problemlösungen nicht wahrnimmt.

2. GAMMA-Typ: Der Teilnehmende

   GAMMA nimmt am Gruppengeschehen teil. Es gibt ihn in drei Varianten:

GAMMA I:
Rolle des Mitläufers – identifiziert sich mit ALPHA.
GAMMA II:
Rolle des Helfers, Zuarbeiters, Nutznießers – ergänzt ALPHA.
GAMMA III:
Rolle des Normenüberwachers, Ideologen, Kontrolleurs – läßt ALPHA machen und kontrolliert ihn dabei.

Die Inhaber von GAMMA-Positionen haben den Vorteil, sich mit neuen Ideen und neuen Personen relativ schnell identifizieren zu können. Ihr Nachteil besteht darin, daß ihnen unter Umständen die Abgrenzung schwerfällt und sie eine etwas unkritische Überidentifikation praktizieren.

3. BETA-Typ: Der Kritische

BETA nimmt nur mit Vorbehalten teil und zeigt seine Kritik mehr oder weniger deutlich. Auch BETA hat mehrere Varianten:

BETA I:
Rolle des kritischen Förderers – stimmt ALPHA oder der Aktion nur bedingt zu.
BETA II:
Rolle des positiven Kritikers – steht ALPHA oder der Aktion kritisch, aber nicht ohne Wohlwollen und offene Bereitschaft gegenüber.
BETA III:
Rolle des schwankenden Teilnehmers, des Schiedsrichters oder des Vermittlers – gleicht aus, vergleicht Standpunkte, relativiert Meinungen und Abläufe.

Positiv an der BETA-Position ist die kritische Beratung, das argumentative Prüfen von Aktionen und Meinungen. Nachteilig an dieser Position kann sein, daß mit der kritischen Distanz zum Geschehen auch ein begrenztes Engagement oder eine Bremswirkung auf die Abläufe ausgehen kann.

4. OMEGA-Typ:

Er ist aus irgendwelchen Gründen der relativ „Schwache" in der Gruppe.

OMEGA hat oft die Rolle des Außenseiters oder gar des Sündenbocks. Bei einer näheren gruppendynamischen Analyse läßt sich häufig feststellen, daß der etikettierte OMEGA-Typ auf indirekte Weise (unterschwellig oder überschwellig, bewußt oder unbewußt) bestimmte inhaltliche oder persönliche Konflikte signalisiert. Da er dies jedoch aus einer Position der Schwäche heraus oder auf eine defensive Art und Weise tut, konzentrieren sich auf ihn kritische Kommentare oder gar aggressive Attacken.

5. ANTI-ALPHA-Typ:

Er ist ein Gegner von ALPHA, der Gruppe oder der Aktion.

Durch seine Argumentationsfähigkeiten oder sein sonstiges Durchsetzungsvermögen wird er zu einem „starken Mann" in der Gruppe. Er löst Widerstand, manchmal auch heftige Aggressionen aus, die er allerdings aufgrund seiner Aggressionstoleranz relativ gut aushalten kann. Er führt oft zu Polarisierungen in der Diskussion.

Natürlich bedeutet die Kennzeichnung von Gruppenteilnehmern nach dieser Typologie keine absolute Festlegung für alle Zeiten. Ich halte sie deshalb für zweckmäßig, weil sie in relativ klarer Weise oft wiederkehrende gruppendynamische Abläufe strukturiert. Sie macht deutlich, daß manche Abläufe nicht nur etwas mit einzelnen Personen zu tun haben (weder nur der eigenen noch nur der einzelner anderer), sondern ein natürlicher Ausdruck von lebendigen Gruppen (Systemen) sind. Diese Rollen sind oft weniger der Ausdruck bestimmter Persönlichkeitseigenschaften der Beteiligten als vielmehr der Ausdruck von unter Spannung stehenden Systemen.

Schwierigkeiten, die Sie im Umgang mit Gruppen manchmal erleben, sollten Sie deshalb nicht unbedingt persönlich oder „wörtlich" nehmen, sondern als funktionale „Chiffren" interpretieren. Es ist manchmal wie in einem Theaterstück, bei dem die Rollen zwar festliegen, aber eben manchmal die Schauspieler (die konkreten Rolleninhaber) wechseln. Rollen und Personen auf diese Weise zu unterscheiden, erleichtert oft einen gelassenen Umgang mit kritischen Situationen. Und ein „guter Moderator" sollte gelassen – und „wissend" – auf die Gruppe reagieren können.

3.3.3 Umgang mit verschiedenen Rollen: Tips für Typen

Wenn Sie sich Ihre Erfahrungen mit Arbeitsgruppen in Erinnerung rufen, dann fallen Ihnen wahrscheinlich einige Abläufe und Personen ein, die sich aus irgendwelchen Gründen bei Ihnen eingeprägt haben. Vielleicht lassen sich diese Erfahrungen in das Typen-Raster einordnen, das im letzten Abschnitt beschrieben wurde. Vielleicht ist aber auch alles viel komplizierter und deshalb der Umgang mit den betreffenden Situationen und Personen viel schwieriger.

Die Verhaltensweisen, mit denen es ein Moderator zu tun bekommt, lassen sich weder alle nennen noch in einem Buch festhalten. Die nachfolgenden Ausführungen sollen aber ein einfaches (zugegebenermaßen auch vereinfachtes) Handwerkszeug für den Moderator darstellen. Ohne eine totale tiefenpsychologische Analyse sollen hier praktische Tips für die alltägliche Besprechungspraxis gegeben werden. Konsequent umgesetzt, können sie die Arbeit des Moderators und das Ergebnis der Gruppenarbeit deutlich verbessern helfen.

Anstelle einer enzyklopädischen Verfolgung des Rollenbegriffs möchte ich also einfach ein paar Figuren vorstellen. Ich bin sicher, daß Sie dann wissen, was mit Rolle gemeint ist. Eine Warnung jedoch vorweg: Entgegen einer weitverbreiteten Meinung sind Verhaltensweisen nicht immer der Ausdruck von persönlichen Eigenschaften, sondern manchmal nur vorübergehend eingenommene Rollen. Damit ist ja überhaupt erst ein Ansatzpunkt für moderierende Verhaltens-Steuerung gegeben.

1. Der Vielredner

Merkmale:

– Kommt vom Hundertsten ins Tausendste,
– ist kaum abzuschalten, wenn er redet,
– meldet sich fast zu jedem Thema.

Mögliche Hintergründe:

– Hat ein starkes unbefriedigtes Anerkennungsbedürfnis, sucht Beifall,
– denkt beim Reden,
– hält sich für so überlegen, daß er den anderen etwas beibringen will.

Sinnvolles Moderatoren-Verhalten:

- Halten Sie die Gedanken im Themenspeicher fest und unterbrechen Sie dann.
- Geben Sie ihm deutliche Anerkennung.
- Lassen Sie die Gruppe Stellung nehmen.
- Weisen Sie auf Spielregeln und andere Wortmeldungen hin.
- Rügen Sie nur im Notfall.
- Vermeiden Sie ein passives Verhalten der Gruppe.

2. Der Aggressive

Merkmale:

- Reagiert „unsachlich" und emotional heftig,
- greift Personen direkt an,
- wird ironisch oder gar sarkastisch; seine Doppelbotschaften lassen sich nur schwer konstruktiv beantworten.

Mögliche Hintergründe:

- Steht selbst unter starker Spannung, die nur wenig mit dem unmittelbaren Ablauf zu tun haben muß,
- fühlt sich unverstanden und kämpft um Gehör,
- ist verunsichert durch Personen oder durch absehbare Konsequenzen.

Sinnvolles Moderatoren-Verhalten:

- Bleiben Sie ruhig und bewerten Sie sein Verhalten nicht negativ (Zurechtweisung nur im Notfall).
- Greifen Sie sein Anliegen sachlich auf und bitten Sie die Gruppe um Stellungnahme.
- Lassen Sie sich auf keinen Kampf darum ein, wer recht hat.
- Übertragen Sie ihm sinnvolle Aufgaben, binden Sie ihn in eine konkrete Aktion ein.
- Visualisieren Sie seine Stellungnahme öffentlich und arbeiten Sie dann weiter.
- Versuchen Sie in der Pause, das weitere Vorgehen mit ihm abzusprechen.

3. Der Witzbold

Merkmale:

- Macht Witze und lacht selbst mit,
- kommentiert andere Personen und den Ablauf, hält sich aber selbst mit Beiträgen zurück,
- dreht die Stimmung ins Heitere bis Ausgelassene.

Mögliche Hintergründe:

- Befindet sich in guter Laune,
- sucht Kontakt oder Anerkennung,
- steht unter Alkoholeinfluß.

Sinnvolles Moderatorenverhalten:

- Bei guter Dosierung: Akzeptieren Sie ihn, fördern Sie die positive Stimmung und nutzen Sie sie für den Gruppenprozeß: Gerade ernste oder schwierige Themen lassen sich so besser erledigen.
- Kommen Sie danach ohne abwertende Bemerkung direkt und klar wieder zum Thema zurück.
- Bei Überdosierung: Sprechen Sie ihn (ohne Oberlehrer-Attitüde) direkt an und arbeiten Sie mit der Gruppe weiter. Binden Sie sachbezogene Mitglieder durch Fragen ein.
- Weisen Sie auf die Zeit und die anspruchsvollen Ziele hin.
- Sprechen Sie ihn im Pausengespräch an und vereinbaren Spielregeln.

4. Der Nörgler

Merkmale:

- Diskutiert nicht einfach sachlich-kritisch, sondern verschlechtert durch Nörgeln die Atmosphäre,
- zeigt deutliche Zeichen von Abwertung und Distanz.

Mögliche Hintergründe:

- Ist verärgert oder frustriert über Inhalte oder Abläufe in der Gruppe,
- steht unter Spannung wegen Problemen außerhalb der Arbeitsgruppe,
- ist ein Mensch mit grundsätzlich pessimistisch-schwarzen Zügen,
- hat ein starkes Bedürfnis, von den anderen beachtet zu werden.

Sinnvolles Moderatoren-Verhalten:

– Fassen Sie die sachlichen Teile der Kritik des Nörglers zusammen und geben sie mit einer Frage an die Gruppe weiter.
– Spiegeln Sie seine Aussagen konsequent positiv und danken Sie ihm eventuell für sein Engagement und seine Sorgen (ohne Ironie).
– Bestätigen Sie ihn offiziell in seiner Rolle als Kritiker und fragen Sie ihn nach seinen kritischen Kommentaren, noch bevor er etwas gesagt hat.
– Klären Sie im Pausengespräch die Hintergründe seines Verhaltens und sprechen Sie mit ihm Spielregeln für das weitere Verhalten ab.

5. Der Rechthaberische

Merkmale:

– Äußert seinen Standpunkt mit Nachdruck und kompromißlos,
– geht auf die positiven Anteile in den Aussagen der anderen nicht ein, greift sie nicht auf,
– gibt keine Anerkennung für andere Personen und Standpunkte,
– streitet sich mit Experten.

Mögliche Hintergründe:

– Weiß tatsächlich etwas besser,
– hat ein starkes Profilierungsbedürfnis,
– ist auf irgend etwas oder irgend jemanden sauer und muß sich abreagieren.

Sinnvolles Moderatoren-Verhalten:

– Prüfen Sie in Ruhe und ohne Zurechtweisung, inwieweit die Kritik berechtigt ist.
– Lassen Sie sich auf kein Rededuell ein, sondern lassen Sie die Gruppe relativierend erörtern.
– Fragen Sie nach weiteren Beiträgen in der Gruppe und visualisieren Sie in Stichworten die unterschiedlichen Standpunkte.
– Hören Sie konsequent aktiv zu und nehmen Sie erst nach einer kurzen Pause Stellung.
– Nutzen Sie die Pause zu persönlichen Gesprächen, um zu weiteren sachlichen Informationen zu kommen, vom „Rechthaberischen" und von anderen Teilnehmern.

6. Der Hierarch

Merkmale:

- Übertritt Spielregeln, an die die anderen sich halten,
- läßt die anderen arbeiten, ohne sich wesentlich zu beteiligen,
- kommentiert im Übermaß aus seiner Sicht und unterbricht „gezwungenermaßen" andere Teilnehmer,
- ist emotionaler Orientierungspunkt für andere Gruppenmitglieder.

Mögliche Hintergründe:

- Ist tatsächlich der Ranghöchste und praktiziert Dominanz und Entscheidungsverhalten, wie üblich,
- kann Beratungs-, Erarbeitungs- und Lernsituationen nicht von Entscheidungssituationen unterscheiden,
- hat ein übermäßiges Dominanzbedürfnis,
- braucht die Gruppe als Bewunderungsarena.

Sinnvolles Moderatoren-Verhalten:

- Informieren Sie zu Beginn der Sitzung über partnerschaftliches Verhalten in der Gruppenarbeit und vereinbaren Sie Spielregeln.
- Weisen Sie ihn respektvoll und klar auf die Gruppenspielregeln hin.
- Führen Sie die Plenumsdiskussion nicht bloß verbal, sondern visualisieren Sie mit. Führen Sie Kartenabfragen durch.
- Arbeiten Sie phasenweise mit Kleingruppen, damit die anderen ebenfalls zu Wort kommen.
- Sprechen Sie den „Hierarchen" in der Pause an und vereinbaren mit ihm das weitere Vorgehen.

7. Der Schüchterne

Merkmale:

- Hält sich mit Ausführungen sehr zurück, obwohl er innerlich sehr beteiligt ist,
- spricht meist nur, wenn er direkt dazu aufgefordert wird,
- zeigt körpersprachliche Zeichen der Unsicherheit, wie Erröten beim Sprechen, „unfreie" Sitzhaltung, gedrückte Stimme,
- taut erst im kleineren Kreis oder im Vier-Augen-Gespräch auf,
- wirkt trotz seiner Zurückhaltung angespannt.

Mögliche Hintergründe:

- Hat wenig Selbstsicherheit, vor Gruppen zu sprechen oder in der Öffentlichkeit aufzutreten,
- fühlt sich inkompetent bezüglich des anstehenden Themas,
- hat persönliche Probleme und ist innerlich damit beschäftigt,
- ist ein eher introvertierter Persönlichkeits-Typ.

Sinnvolles Moderatoren-Verhalten:

- Ermuntern Sie ihn mit freundlichen Worten und bestätigen Sie ihn wiederholt und beiläufig positiv (etwa durch Zitieren).
- Drängen Sie ihn nicht frontal zu öffentlichen Statements.
- Fragen Sie ihn, ob er etwas sagen möchte, wenn seine fachlich starken Themen berührt werden.
- Binden Sie ihn aktiv in (Klein-) Gruppenarbeit ein.
- Versuchen Sie in der Pause behutsam, mit ihm die Gründe seiner Zurückhaltung aufklären.

8. Der Schweigsam-Distanzierte

Merkmale:

- Zeigt einen unbeteiligten Gesichtsausdruck,
- beteiligt sich nur wenig an der Gruppenaktivität,
- greift nur selten Bemerkungen der anderen Gruppenmitglieder auf,
- macht verdeckt kritische Zwischenbemerkungen,
- möchte Pause machen.

Mögliche Hintergründe:

- Fühlt sich inhaltlich unter- oder überfordert,
- ist erschöpft,
- fühlt sich in der Gruppe nicht wohl,
- hat persönliche Spannungen, die ihn innerlich beschäftigen,
- ist verärgert und will dies nicht öffentlich äußern,
- verhält sich taktisch und verfolgt seine Interessen.

Sinnvolles Moderatoren-Verhalten:

- Sprechen Sie ihn ab und zu beiläufig an.

- Fragen Sie ihn gegebenenfalls sachbezogen direkt, ohne ihn bloßzustellen oder anzugreifen.
- Machen Sie ihn zum Sprecher bei (Klein-) Gruppenarbeiten.
- Zitieren Sie ihn freundlich-sachlich zum Thema.
- Sprechen Sie seine von Ihnen vermuteten Gedankengänge als grundsätzlich mögliche Überlegungen an und führen sie so in die Diskussion ein.

9. Der Drängler

Merkmale:

- Redet dazwischen, unterbricht oft andere und verärgert damit die Teilnehmer, die sich an die sozialen Spielregeln halten,
- weist auf die Zeit hin und drängt,
- äußert seine Ungeduld verbal und körpersprachlich,
- weist wiederholt und spannungsgeladen auf noch nicht erreichte Ziele und Ergebnisse hin,
- zeigt Unzufriedenheit mit den Zwischenergebnissen.

Mögliche Hintergründe:

- Ist stark engagiert, thematisch oder grundsätzlich,
- steht unter Spannung, ist gestresst,
- hat ein hohes Profilierungsbedürfnis,
- fühlt sich durch die langsamen Fortschritte der Gruppe behindert,
- arbeitet sonst vielleicht schneller und ist ungeduldig.

Sinnvolles Moderatoren-Verhalten:

- Erinnern Sie zwischendurch freundlich an die Reihenfolge der Beiträge.
- Fassen Sie die erreichten Zwischenergebnisse wiederholt zusammen und markieren Sie den Arbeitsstand.
- Interpretieren Sie das Drängen in der Gruppe offen als hohes Engagement und Motivationsimpuls für alle.
- Bestätigen Sie ihn in der Pause bezüglich seiner Ziele und machen ihn bezüglich seines Drängens auf die Wirkung in der Gruppe und die erforderliche Geduld aufmerksam.

10. Der Tuschler

Merkmale:

- Führt immer wieder Seitengespräche,
- beteiligt sich nur begrenzt an der allgemeinen Gruppenaktivität,
- greift Kleinigkeiten schnell auf, diskutiert Sie aber nicht im Plenum, sondern mit Nebensitzenden oder Nahestehenden,

Mögliche Hintergründe:

- Ist kontaktfreudig, beziehungsbetont, erzählt gerne,
- ist spontan, eifrig,
- ist am Thema überhaupt nicht interessiert und sucht eine Nebenbeschäftigung,
- möchte auf sich aufmerksam machen.

Sinnvolles Moderatoren-Verhalten:

- Beziehen Sie den direkt daneben sitzenden Unbeteiligten deutlich in die Gruppenarbeit ein.
- Setzen oder stellen Sie sich kommentarlos in die unmittelbare Nähe der Tuschelnden.
- Machen Sie eine Sprechpause und warten Sie auf die Eigenkorrektur der Gruppe.
- Sprechen Sie ihn direkt ohne Vorwurf an und sagen Sie einfach, daß Sie gerne beim Thema bleiben wollen.
- Praktizieren Sie bitte kein plattes Oberlehrer-Verhalten („Haben Sie etwas zu sagen? – Sagen Sie es doch laut!")

11. Der Pingelige

Merkmale:

- Ist umständlich in der Ausdrucksweise oder im Vorgehen,
- hält sich an Kleinigkeiten auf,
- verzögert den Ablauf durch Hinweise auf Formalia,
- kommt immer wieder auf schon erledigt scheinende Diskussionspunkte zurück.

Mögliche Hintergründe:

- Ist ein genauer Typ mit hohen Qualitätsansprüchen,

- ist ein eher zwanghafter Typ, der Wesentliches vom Unwesentlichen nur schwer unterscheiden kann,
- ist unsicher und vorsichtig, möchte nichts falsch machen,
- fühlt sich besonders verantwortlich,
- will sich profilieren.

Sinnvolles Moderatoren-Verhalten:

- Binden Sie ihn in der Rolle des wichtigen Kontrolleurs in die Gruppenarbeit ein.
- Geben Sie ihm Teilaufgaben, die Genauigkeit erfordern.
- Sprechen Sie direkt und sachlich an, daß bestimmte Punkte schon abgearbeitet beziehungsweise erledigt sind.
- Fragen Sie ihn nach seinen Intentionen.

3.4 Rahmenbedingungen für die Gruppenarbeit

Ob der Leistungsvorteil der Gruppe zum Tragen kommt, hängt von einer Reihe von Faktoren ab, die die zwischenmenschliche Interaktion beeinflussen:

- Externe Vorgaben, die die ganze Gruppe beeinflussen, sind primär ihre Aufgaben und Ziele, aber auch Belohnungen und Sanktionen und eine hierarchiebedingte Rollen- und Statusdifferenzierung.
- Externe Vorgaben für einzelne Mitglieder sind weiterhin zum Beispiel spezifische Rollenzuweisungen, Statuszuweisungen und Teilaufgaben.
- Interne Vorgaben der Arbeitsgruppe selbst sind Spielregeln, das Netz der zwischenmenschlichen Beziehungen, eine eigene Rollen- und Statusdifferenzierung unter den Gruppenmitgliedern, persönliche Zielsetzungen und grundsätzliche Vorstellungen darüber, wie die Arbeits-Ziele zu erreichen sind.
- Interne „Vorgaben" für einzelne Gruppenmitglieder bestehen in individuellen Rollen- und Statuszuweisungen, die auch im informellen oder sogar im unbewußten Bereich der Kommunikation liegen können.

Die genannten Faktoren sind so etwas wie der Gestaltungsraum der Gruppe, innerhalb dessen nun der Gruppenprozeß stattfinden kann, also der gegenseitige Meinungsaustausch, die Einflußbemühungen, der Ideenfindungsprozeß und mehr.

Um hierin angemessen agieren zu können, müssen die Besprechungsteilnehmer fachlich und kommunikativ entsprechend qualifiziert sein. Ist der Moderator eher eine Fachkraft für Kommunikation und Klima, so sind die Gruppenmitglieder (unabhängig von ihrer Position) eher Fachkräfte für die anstehende Problematik und das Thema. Sie sind auch für die eigentlichen Prozeßziele mitverantwortlich, nämlich für die Verabschiedung eines Gruppenergebnisses und ihre damit verbundene eigene Zufriedenheit.

Dazu benötigen sie

– Fach-Kompetenz: Sie müssen etwas Qualifiziertes zum Thema sagen können.
– Kommunikations-Kompetenz: Sie müssen über sachliche und persönliche Aufgeschlossenheit und über Fähigkeiten im zwischenmenschlichen Bereich verfügen.
– Akzeptanz der während der Sitzung geltenden Rollen- und Statusdifferenzierung: Sie müssen Spielregeln und Instanzen anerkennen, um den Arbeitsprozeß produktiv gestalten zu können.

Das Ganze (der Gruppe) ist bekanntlich mehr als die Summe seiner Teile. Die Zusammensetzung der Gruppe generiert einen spezifischen zielorientierten Organismus, der eigene Merkmale aufweist. Sie betreffen

– die inhaltliche Gesamtkompetenz,
– die Kommunikationsstruktur und die „Interaktionsrate",
– die Machtordnung und die Gruppenkultur.

Die Kommunikationsstruktur einer Gruppe ist abbildbar als Muster der Kommunikation zwischen ihren Mitgliedern. Die Strukturen unterscheiden sich hinsichtlich der Zahl der Kanäle (einfache oder komplizierte Strukturen) und ihrer Rangordnung (hierarchische oder egalitäre Strukturen). Ganz grob seien die folgenden Zusammenhänge skizziert:

● Einfache Aufgaben oder solche mit hohem Entscheidungsdruck werden in hierarchischen Strukturen besser gelöst als in egalitären; in einfachen besser als in komplizierten.
● Einfache, aber sich wandelnde Aufgaben werden in egalitären Strukturen besser gelöst als in hierarchischen.
● Komplexe Aufgaben werden am besten in kommunikativen Netzstrukturen gelöst.

Hackordnungen sind ein normales Gruppenphänomen. Sie sind nicht zu vermeiden und beeinflussen darum stets die Sacharbeit. Oft ist sogar zu beobachten, daß die Ausbildung der Hackordnung selbst für hochrangige Gruppenmitglieder wichtiger ist als die konkreten Ziele und Aufgaben. Das läßt sich daran ablesen, daß die entsprechenden Spiele selbst dann laufen, wenn sie erkennbar nachteilige Folgen für die Arbeit oder den Informationsfluß haben. Weder die offene Beschwerde noch die Klage hinter vorgehaltener Hand führt ohne weiteres zum Abbau dieser Rituale: Der Mensch als soziales Wesen ist abhängig von seiner stets aufs neue bestätigten Bedeutung durch seine Umgebung. Deshalb kann oft erst dann richtig produktiv gearbeitet werden, wenn die Hackordnung hergestellt und akzeptiert ist. Offenbar kann der Mensch auch hier seine Abstammung von den Primaten nicht ganz verleugnen – auch wenn er es gerne täte.

Hackordnungen bilden sich im Wechselspiel vieler Faktoren heraus. In einem Regelkreis verflechten sich als Einflußgrößen und als Ergebnisse Faktoren wie

- das Selbstwertgefühl des einzelnen und die Einstellung gegenüber anderen,
- das Bedürfnis nach Geborgenheit,
- das Geltungsbedürfnis,
- das Durchsetzungsvermögen,
- Gefühle der Abhängigkeit,
- das Dominanzverhalten und die Bereitschaft zur Unterwürfigkeit,
- die persönlichen Stärken und Schwächen.

Unter diesen Aspekten ist die Moderationsmethode ein Vorgehen, das die archaischen Durchsetzungskämpfe auf eine konstruktive Weise minimieren möchte, indem sie spielerische Formen des Ausdrucks für jeden findet, indem sie alle Beteiligten einbezieht, deren Fähigkeiten nutzt und damit die Lösung von Aufgaben tendenziell eher auf der Kommunikationsebene der Partnerschaftlichkeit anstrebt.

Das selbstverantwortete Handeln der Gruppenmitglieder soll sowohl die Geltungsbedürfnisse als auch die Geborgenheitsbedürfnisse der einzelnen befriedigen.

3.5 Checklisten für die Gruppenarbeit

	Ja	Nein
Die Arbeitsatmosphäre ist relativ entspannt. Die Kommunikation läuft locker und zwanglos. Alle Teilnehmer können ihre Meinung offen äußern.	○	○
Die Gruppenmitglieder zeigen sich interessiert. Es werden Fragen gestellt und klar beantwortet.	○	○
Die Arbeitsziele sind klar definiert und werden von den Beteiligten verstanden und akzeptiert.	○	○
Die Diskussion ist überwiegend sachbezogen. Persönliche Angriffe sind selten und werden gegebenenfalls aufgegriffen.	○	○
Alle Ansichten werden diskutiert. Meinungsverschiedenheiten werden artikuliert und nicht übergangen.	○	○
In der Gruppe herrscht eine klare und akzeptierte Rollen- und Aufgabenverteilung. Es finden nur wenige Kompetenzstreitigkeiten statt.	○	○
Der Gruppenleiter ist gewöhnlich nicht dominant. Er hat überwiegend eine Moderatoren-Funktion. Nicht sein Status, sondern seine Aufgabe steht im Vordergrund.	○	○
Die Gruppe hat ein Gespür für den eigenen Prozeß. Entsprechende Beobachtungen werden laut geäußert.	○	○
Wird eine Absprache getroffen, eine Aktion eingeleitet oder eine Entscheidung gefällt, so sind die Aussagen klar, eindeutig und werden von allen Gruppenmitgliedern verstanden und akzeptiert.	○	○
Die Diskussion hat das wahrnehmbare Ziel eines gemeinsamen Ergebnisses. Formelle Abstimmungen gibt es wenige. Die fälligen Entscheidungen werden überwiegend gemeinsam gefällt.	○	○
Die Gruppenmitglieder motivieren sich gegenseitig durch positive Anerkennung, Beifall und Respekt bei offen angesprochenen Schwierigkeiten.	○	○
Die Gruppe hat Spielregeln und Verhaltensstandards, auf deren Einhaltung gemeinsam geachtet wird.	○	○

Abbildung 3-1: Merkmale eines erfolgreichen Teams

	Ja	Nein
Die Arbeitsatmosphäre zeigt Gleichgültigkeit, Langeweile oder Anspannung.	○	○
Dem Vorgehen der Arbeitsgruppe ist eine klare und gemeinsame Zielsetzung nicht zu entnehmen.	○	○
Die Rollen- und Aufgabenverteilung in der Gruppe ist unklar. Die Diskussion läuft chaotisch. Viele Diskussionsbeiträge führen vom Thema weg. Kaum jemand bemüht sich, die Gruppe auf Kurs zu halten.	○	○
Den Diskussionsbeiträgen sind häufig persönliche Abwertungen zu entnehmen. Einige Teilnehmer werden offen aggressiv, andere halten sich auffallend defensiv zurück.	○	○
Neue Ideen und alternative Vorschläge werden abgewürgt.	○	○
Kontroversen werden im allgemeinen nicht konstruktiv genutzt. Formale Abstimmungen ersetzen den Auseinandersetzungs-Prozeß.	○	○
Einzelne Gruppenmitglieder dominieren die Diskussion.	○	○
Der Gruppenleiter dominiert zum Nachteil von Sachdiskussionen. Er wertet Beiträge ab und holt die Meinung wichtiger Personen nicht ein.	○	○
Es ist die vorherrschende Meinung der Gruppe, daß Prozeßaspekte in einer Sachdiskussion nicht angebracht sind. Man hält Gefühle der Unzufriedenheit zurück btw. drückt sie nonverbal aus.	○	○
Die Gruppe geht einer offenen Diskussion über ihr eigenes Vorgehen aus dem Weg.	○	○
Die Entscheidungen bleiben unklar. Verantwortlichkeiten werden zwar festgelegt, aber es bestehen Zweifel, inwieweit ihnen Folge geleistet wird.	○	○
Nach der Sitzung werden im kleinen Kreis Abläufe und Beschlüsse wieder in Frage gestellt.	○	○
Die Gruppe hat wenige oder nur oberflächliche Spielregeln und Verhaltensstandards.	○	○
Es gibt wenig wechselseitige Bestätigungen (sach und persönlich).	○	○

Abbildung 3-2: Merkmale eines weniger leistungsfähigen Teams

4. Basistechniken der Moderation: Variabel visualisieren

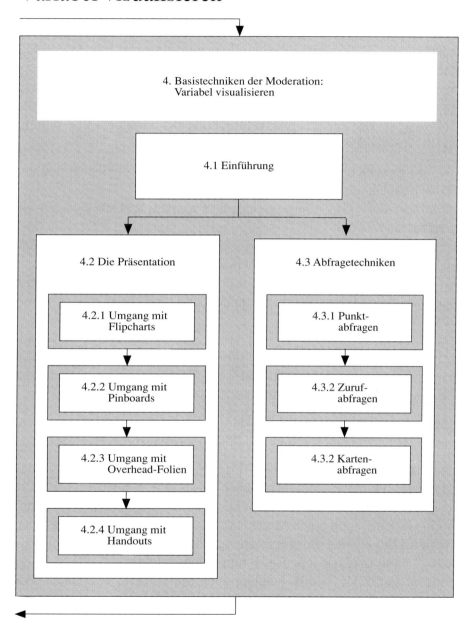

Abbildung 4-0: Gedankenflußplan zum 4. Kapitel

4.1 Einführung

Während die Selbststeuerung des Moderators und die Kontrolle der Gruppendynamik vor allem das Ziel haben, Verständnis unter den Teilnehmern aufzubauen und aufrechtzuerhalten, bedarf es einer Reihe mehr oder weniger technischer Hilfen, das Thema des Arbeitstreffens mit all seinen Fragen und Fakten, Pros und Contras, Ansichten und Einsichten, Verzweigungen und Brennpunkten, Entscheidungen und Standpunkten „präsent" zu halten. Transparenz, Demokratie und Effizienz sollen auch bei der „eigentlichen" inhaltlichen Arbeit erreicht werden. Die Informationsverarbeitung der Gruppe sollte darum den folgenden Ansprüchen Rechnung tragen:

- Alle Informationen müssen für alle Teilnehmer nachvollziehbar und unmißverständlich eingebracht werden (können).
- Die Informationen müssen so gespeichert werden, daß sie jederzeit wieder aufrufbar sind.
- Die Informationen müssen so gespeichert werden, daß sie unter verschiedenen Gesichtspunkten (re-) strukturierbar sind.
- Die Informationen müssen so gespeichert werden, daß alle Teilnehmer sie überschauen und ihren Gesamtzusammenhang (den „roten Faden") im Auge behalten können.
- Die Informationsverarbeitung muß so erfolgen, daß der Redeaufwand und die notwendige Wiederholungsrate minimiert werden.
- Bei der Informationsverarbeitung müssen Widersprüche und Redundanzen offen zutage treten.

Der Moderator ist also auch in der Rolle eines intelligenten Speicher-Adressen-Verwalters, der Input und Output des Arbeitsprozesses regelt.

Sein wesentliches Hilfsmittel dabei ist die Visualisierungstechnik. Visualisierung ist mehr als bloßes Sichtbarmachen von Sachverhalten (das wäre durch bloßes Protokollieren der Beiträge schon erreicht). Visualisierung gibt der Thematik ein Gesicht, ähnlich wie Moderation als Ganzes der Gruppe zu einer Gestalt verhilft. Sie ergänzt das gesprochene Wort, indem sie seine syntaktische, semantische und pragmatische Bedeutung noch einmal symbolisiert, und zwar nicht nur in Form der Schrift, sondern auch mit Bildern, Graphiken, Farben, Zuordnungsbegriffen und anderem mehr. Damit wird die Visualisierung zum angemessenen Arbeitsmedium der Gruppe.

Mehr noch: Durch das Ansprechen mehrerer Sinne (mindestens Hören und

Sehen) wird der Behaltensgrad der Teilnehmer nachhaltig verbessert. Diesen Sachverhalt visualisiert die Abbildung 4-1.

Natürlich beeinflussen neben dem Informationsmedium noch andere Faktoren den Behaltensgrad, zum Beispiel Interesse, psychische Verfassung, Störungen, Zahl der Wiederholungen oder zeitliche Informationsdichte. Unsere Visualisierung 4-1 reduziert also den Komplex „Informationsverarbeitung" auf einen wichtigen Aspekt. Sie stellt die mühsame Formulierung

> *„Der Behaltensgrad einer Information beträgt etwa 10%, wenn diese nur gelesen wird; 20%, wenn sie gehört wird; 30%, wenn sie gesehen wird; 50%, wenn sie gehört und gesehen wird; 70%, wenn sie selbständig dokumentiert wird und über 90%, wenn sie aktiv erarbeitet wird."*

auf einen Blick dar.

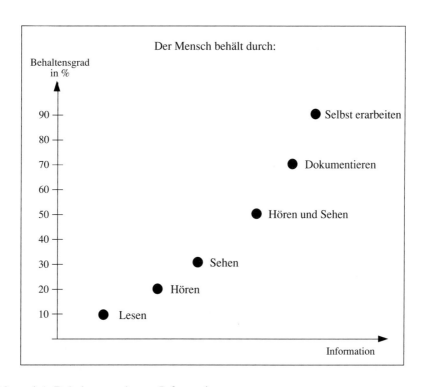

Abbildung 4-1: Behaltensgrade von Informationen

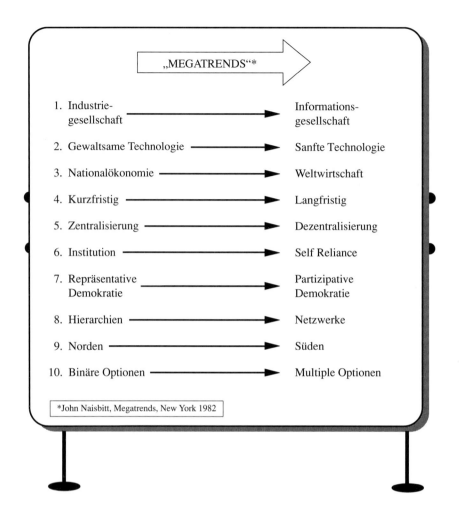

Abbildung 4-2: „Klassische" Visualisierung von Naisbitts Megatrends

Wie alle effektiven Systeme kommt die Visualisierung mit relativ wenigen Elementen aus: Folien, Flipchart, Filzschreiber; Pinsel, Pinboard, Packpapier; Köpfchen, Kärtchen, Klebepunkten. Ihre weitere theoretische Ausdifferenzierung würde ihrer praktischen Flexibilität widerstreben. Es kommt dabei eben mehr auf Intuition an als auf Institution.

Die folgenden Beispiele (weitere finden sich im fünften Kapitel) sind daher auch eher als Anregungen zu verstehen und weniger als Systematisierungs-Versuch.

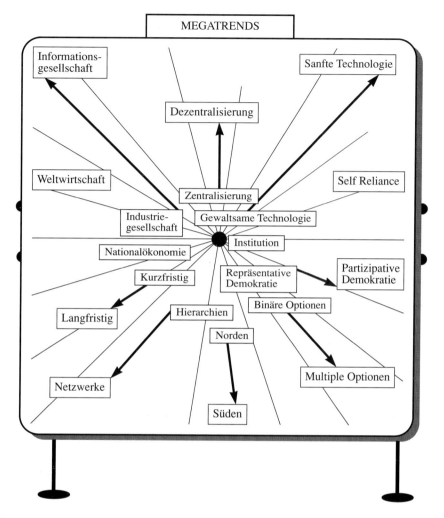

Abbildung 4-3: „Alternative" Visualisierung von Naisbitts Megatrends

Auf der Sach-Ebene sind Aufgaben, Ziele, Ergebnisse und Zusammenhänge darstellbar. Nehmen wir beispielsweise an, Naisbitts Megatrends sollen einem Publikum nähergebracht werden. Abbildung 4-2 zeigt eine „klassische", Abbildung 4-3 eine alternative Visualisierung.

Auf der Teilnehmer-Ebene sind emotionale Befindlichkeiten, psychische Bedürfnisse, Spannungen oder Koalitionen darstellbar (siehe Abbildung 4-4).

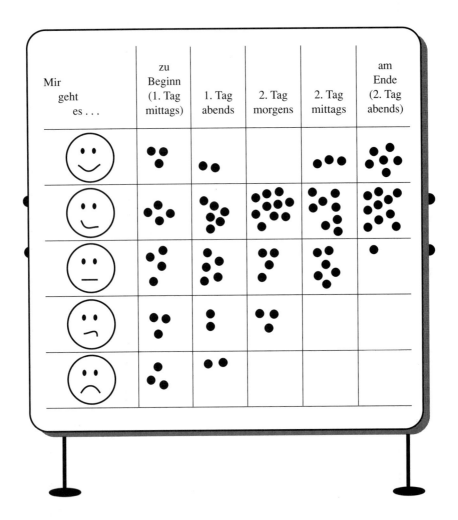

Abbildung 4-4: Diese Visualisierung der persönlichen Stimmung zu mehreren Zeitpunkten eines moderierten eineinhalbtägigen Seminars zeigt, wie sich mehr und mehr eine „gemeinsame" Stimmung aufbaut und daß diese Stimmung im Verlauf des Seminars ansteigt.

Auch der Auseinandersetzungsprozeß innerhalb einer Gruppe selbst ist visualisierbar (Abbildung 4-5 gibt ein Beispiel). Damit wird ein wesentlicher Beitrag zur Konfliktregelung geleistet: Die Kontrahenten gewinnen Distanz zur eigenen emotionalen und sachlichen Position und können dann andere Standpunkte klarer beurteilen.

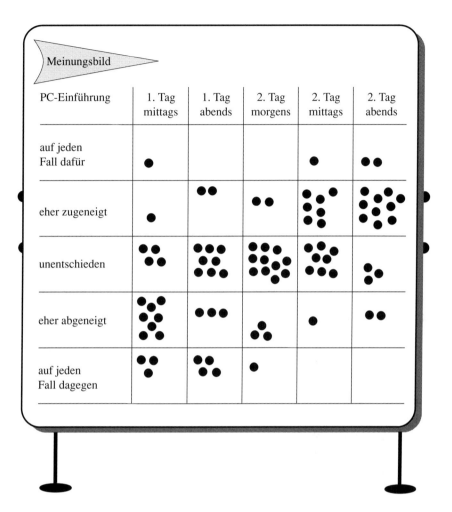

Abbildung 4-5: Diese Visualisierung des Meinungsbildes zu mehreren Zeitpunkten eines moderierten eineinhalbtägigen Entscheidungsworkshops zeigt, wie sich mehr und mehr eine „gemeinsame" Position aufbaut und wo diese Position liegt.

Wir wenden uns in den beiden folgenden Unterabschnitten zwei häufigen Anlässen zur Visualisierung zu: Im Sprachgebrauch der Informationsverarbeitung würde man die Präsentation (Abschnitt 4.1) als eher output-orientierten und die Abfrage (Abschnitt 4.2) als eher input-orientierten Visualisierungs-Prozeß bezeichnen. Vorab präsentieren wir dem geneigten Leser eine Checkliste mit 13 allgemeinen Regeln für eine gute Visualisierung.

- Wählen Sie einen treffenden Titel.
- Entwickeln Sie die Darstellung vor der Gruppe und erklären Sie sie.
- Halten Sie nur das Wesentliche fest.
- Nutzen Sie für komplexere Darstellungen größere Flächen.
- Benutzen Sie Bilder und Symbole.
- Stellen Sie nicht mehr als drei Aussagen in einem Bild dar.
- Heben Sie Wichtiges hervor durch Größe, Farbe, Form und Umrandung.
- Teilen Sie die Fläche so auf, daß Freiräume bleiben.
- Plazieren Sie das Wichtigste in der Bildmitte.
- Verwenden Sie für gleiche Sachverhalte die gleichen Symbole und Farben.
- Plazieren Sie Vergleiche nebeneinander.
- Verwenden Sie Text nur in kurzen Zeilen und gegliederten Blöcken.
- Schreiben Sie lesbar, vor allem groß.
- Visualisierung ist kein Selbstzweck! Perfektion muß nicht sein.

Abbildung 4-6: Einige Visualisierungsregeln gelten fast immer und unabhängig davon, welches Medium Sie speziell einsetzen.

4.2 Die Präsentation

Bei zahlreichen Veranstaltungen ist es notwendig, den Teilnehmern einen gewissen Informationsstand durch Experten zu vermitteln. Im einfachsten Fall trägt ein Sachverständiger Daten und Fakten vor, die dann als Diskussionsgrundlage dienen. Das kann eine Darstellung der Problematik zu Beginn einer Besprechung sein. Auch Plädoyers verschiedener Teilnehmer zum Thema, beispielsweise wenn einzelne Ressortleiter Standpunkte zu anstehenden Entscheidungen vortragen, bedürfen der Präsentation, wenn unmißverständlich darüber diskutiert werden soll.

Die Problematik der Präsentation liegt in der Abstimmung von Inhalt, Medien und Publikum aufeinander. Dies ist die Aufgabe des Referenten.

Auch (und bisweilen: gerade!) fachlich sehr kompetente Redner stellen häufig nach ihrem Vortrag fest, daß der Inhalt beim Publikum nur unvollständig angekommen ist[14].

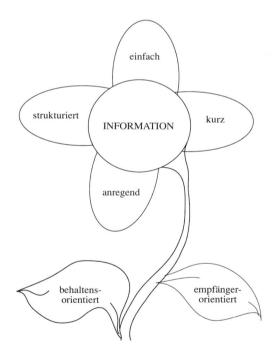

Abbildung 4-7: Einprägsamer als dreizehn Visualisierungsregeln sind sechs allgemeine Informationsgrundsätze.

Zielgerichtete Prozeßsteuerung heißt hier: publikumsorientierte Präsentation. Der Vortragende trägt die Verantwortung dafür, daß seine Nachricht, seine Botschaft, seine Appelle ankommen. Es sei denn, er will überhaupt nicht verstanden werden. Dann allerdings empfehlen wir, die Lektüre hier abzubrechen und Tucholskys „Ratschläge für einen schlechten Redner" nachzulesen.

Dem verbliebenen Leserkreis mögen die sechs nachfolgenden Ratschläge dabei helfen, eigene Präsentationen verständlich zu machen. Ein Vortrag, der „rüberkommt", ist: einfach, strukturiert, kurz, anregend.

Einfach:
Verwenden Sie nur die Fachausdrücke, die den Zuhörern auch bekannt sind, oder definieren Sie sie.

Bilden Sie einfache Sätze. Das ist besonders bei ausformulierten Referaten wichtig, denn beim Schreiben (und Ablesen) läßt sich der Überblick über einen Schachtelsatz leichter behalten, als beim Zuhören.

Strukturiert:
Schaffen Sie sich selbst eine klare Gliederung, und machen Sie diese Ihren Zuhörern zugänglich.

Am besten eignet sich dazu eine Übersicht auf Flipchart-Papier (Lesbarkeit auch auf große Entfernung sicherstellen!). Eine solche Gliederung kann ständig sichtbar bleiben und Sie können den Teilnehmern und sich selbst immer wieder zeigen, an welcher Stelle des roten Fadens Sie sich gerade befinden.

Kurz:
Allgemein ist zu sagen, daß kein Vortrag länger als eine Stunde dauern sollte. In den meisten Fällen erweist sich eine Dauer von höchstens 20 Minuten als ideal.

Hier müssen Sie abschätzen, inwieweit Sie sich auf das Wesentliche beschränken können, oder ob der Sachverhalt eine ausgiebigere Darlegung erfordert. Ein kleiner Exkurs in die Entstehungsgeschichte der Problemlage, angefangen bei den alten Römern, dient (bestenfalls) Ihrer Selbstdarstellung als gebildeter Humanist, kaum aber der Sache.

Anregend:
Legen Sie sich einige Hilfen zurecht, die das Interesse Ihrer Zuhörer aufrecht erhalten.

Das können Fragen, praxisnahe Beispiele, aber auch humorvolle Randbemerkungen sein. Auch der Einsatz von Folien, Graphiken oder Videos kann hilfreich sein. Sie müssen aber kein Peter Frankenfeld oder Thomas Gottschalk sein und auch kein Multi-Media-Spektakel veranstalten. Entscheidend ist primär der Inhalt, nicht der reine Unterhaltungswert.

Behaltensorientiert:
Gestalten Sie Ihren Vortrag so, daß er von den Teilnehmern nicht nur verstanden, sondern auch behalten wird.

Einprägsame Formulierungen und originelle Darstellungen bieten die beste Gewähr dafür, daß etwas beim Publikum „hängenbleibt". Leider gilt das auch für die Pannen, die Ihnen vielleicht unterlaufen. Darüber geht allerdings der Inhalt meist verloren.

Empfängerorientiert:
Tragen Sie so vor, daß die Teilnehmer einen Nutzen für sich daraus ziehen können.

Nicht Ihre Grandiosität als Redner, nicht Ihre tiefgreifende und differenzierte Fachkompetenz stehen im Vordergrund, sondern eine verwertbare Information für die Zuhörer. Prüfen Sie daher nochmals jedes Ihrer Argumente und jede Ihrer Visualisierungen auf ihre Funktion innerhalb der Präsentation. Nehmen Sie überflüssige Teile heraus. Verstärken Sie entscheidenden Passagen durch Wiederholen oder prägnantere Formulierung.

Die innere Vorbereitung auf eine Präsentation:
Eine empfängerorientierte Präsentation setzt notwendig voraus, daß der Referent sein Publikum beziehungsweise seine Zielgruppe (er-) kennt. Ob Sie nun einen eigenständigen Vortrag halten, eine Produkt-Präsentation durchführen oder in einem Workshop die Ergebnisse einer Kleingruppenarbeit in das Plenum einbringen – bei aller Verschiedenheit der Situationen und den daraus resultierenden Verhaltensakzenten: Einige allgemeine Fragen können Ihnen helfen, sich auf die jeweilige Präsentation vorzubereiten. Abbildung 4-8 faßt sie zusammen.

Abbildung 4-8: Zur Präsentationsvorbereitung stellen Sie sich ein paar einfache Fragen.

Aus Abbildung 4-9 ersehen Sie dann einige Präsentationsregeln, die man sich trotz ihrer relativen Bekanntheit immer wieder in Erinnerung rufen sollte. Es kommt ja nicht darauf an, daß Sie diese Regeln kennen, sondern es kommt darauf an, daß Sie diese Regeln umsetzen!

Also denken Sie an die drei Schwerpunkte einer Präsentationsvorbereitung:

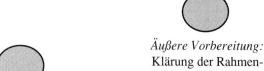

Äußere Vorbereitung:
Klärung der Rahmen-
(d.h. Arbeits-) Bedingungen

*Sachlich-inhaltliche
Vorbereitung*

Innere Vorbereitung:
Einstellung auf die Zuhörer

Nun geht es noch darum, die Inhalte und Ergebnisse so zu präsentieren, daß die Informationen von den Teilnehmern auch weiterverarbeitet werden können.

Visualisierungsmedien bei der Präsentation sind heute vor allem

– Flipcharts,
– Pinboards,
– Overheadfolien und
– schriftliche Unterlagen (Handouts).

Wie diese Verständigungs-Mittel aussehen, wann sie sinnvoll einzusetzen sind und was bei ihrem Einsatz zu beachten ist, wird in den folgenden Abschnitten erörtert.

Wer meint, daß hier bedeutungslose Kleinigkeiten angesprochen werden, der sollte sich die nächsten Präsentationen und ihre Wirkung auf die Teilnehmer genauer ansehen.

1. Beziehen Sie Ihre Zuhörer ein.

2. Achten Sie darauf, daß Ihre eigene positive Überzeugung „rüberkommt".

3. Äußern Sie Ihren Standpunkt. Ihre innere (unbewußte) Einstellung wird vom Zuhörer erspürt.

4. Verwenden Sie wenige Konjunktive und wenige Entschuldigungen. Praktizieren Sie keine Verteidigung.

5. Halten Sie stets zusätzliche Argumente für die spätere Diskussion parat.

6. Team-Ergebnisse sollten Sie gegebenenfalls im Team vortragen. Tragen Sie sachlich abgegrenzte Teile abwechselnd vor (oder trennen Sie die Rollen nach anderen Kriterien, jedenfalls klar).

7. Der geschlossene Eindruck des vortragenden Teams gibt Ihrem Vortrag noch ein zusätzliches Gewicht.

Abbildung 4-9: Einige Zeit später ist derselbe Moderator in der Lage, die wichtigsten Präsentationsregeln zu formulieren.

4.2.1 Umgang mit Flipcharts

Das Flipchart ist nichts anderes als ein überdimensionaler Notizblock. Es ermöglicht deshalb einen guten optischen Kontakt zwischen Thema und Zuhörern oder Zuschauern und ist daher auch das Arbeitsgerät des Workshops. Das Schreibgerät dazu – überdimensionale Filzstifte – mag dem Benutzer anfangs etwas grob vorkommen. es vermittelt so aber schon die Einfachheit, die die aufzuschreibenden Aussagen haben müssen: Wenige (Schlag-) Worte, keine ganzen Sätze.

Der Umgang mit dem Flipchart ist im Grunde wenig problematisch für jeden, der des Schreibens kundig ist. Die wesentliche Schwierigkeit besteht darin, nicht mit der normalen, kleinen Handschrift die Blätter übervoll zu schreiben, sondern sich auf wenige klare Stichworte zu beschränken. Insofern ist das Flipchart ein gutes Mittel, sich auf das Wesentliche zu beschränken.

Der Charakter des Mediums ist offen: das Flipchart lädt gerade dazu ein, darauf herumzumalen, etwas zu verändern, etwas hinzuzufügen.

Manche Referenten erliegen allerdings der Versuchung, Flipcharts fertig vorzubereiten, und beschneiden so von vornherein ihre Möglichkeiten. Für präzise und differenzierte Darstellungen eignen sich jedoch Folien besser. Wenn es darum geht, einzelne Aspekte daraus noch einmal zu Papier zu bringen und zu bearbeiten, kann man die Folie ja auf das Flipchart projizieren und die interessierenden Teilapsekte mit dem Stift „festmachen".

Insgesamt drückt der Umgang mit dem Flipchart den offenen Arbeitscharakter der Präsentation aus. Völlige Perfektion wird dabei eben nicht angestrebt, sondern vielmehr die Ergänzbarkeit des Dargestellten. Ein weiterer Vorteil des Flipcharts ist die Transportierbarkeit der Blätter. Die Informationen können überall auf- und ausgehängt werden. Sie bleiben den Teilnehmern weiterhin zugänglich.

Flipcharts haben auf der anderen Seite ihre Nachteile. Der gewichtigste ist, daß die darzustellende Information notwendigerweise verkürzt werden muß. Infolgedessen werden Mißverständnisse wahrscheinlicher. Außerdem ist die Gruppengröße zwangsläufig begrenzt, da die Lese-Entfernung maximal 10 bis 12 Meter beträgt. Schließlich sind die „Notizzettel" recht unhandlich für die Archivierung oder die weitere Bearbeitung nach der Gruppensitzung. Während der Nachbereitung werden daher die Informationen häufig auf andere Informationsträger übernommen[15].

Abbildung 4-10: Probieren Sie den Gebrauch des Flipcharts einfach aus!

Daß die Handhabung allerdings auch manchmal ihre Tücken hat, wissen alle, die schon einmal kniend, mit dem Rücken zum Publikum, das Wort „Souveränität" auf den unteren Rand eines Flipcharts notieren wollten. Oder die in großer Begeisterung über ihre Ausführungen unabsichtlich über die tückisch herausragenden Beine eines alten Flipcharts gestolpert sind. Die Selbstsicherheit bei der weiteren Präsentation wird dadurch in der Regel nicht gerade gefördert.

4.2.2 Umgang mit Pinboards

Wenn es so etwas gibt wie ein „Markenzeichen" der Moderationsmethode, dann ist es das Pinboard. Kaum ein Moderationsbuch kommt ohne ihr Bild auf der Titelseite aus, und auch das vorliegende nutzt seine Symbolkraft in zahlreichen Abbildungen. Es „steht" für Transparenz, Effizienz und Homogenität der Informationsverarbeitung und des Gruppenprozesses.

Wir stellen dieses sehr vielseitige Instrument hier zunächst unter dem Aspekt der Präsentation vor. Später wird es uns noch häufiger als Moderationshilfe im engeren Sinne begegnen. Das liegt darin begründet, daß wir Ihnen empfehlen, das Pinboard zunächst bei einer Präsentation einzusetzen, um dann mit der entsprechenden Erfahrung daranzugehen, sie im Moderationsprozeß zu verwenden.

Beim Pinboard handelt es sich um eine Stelltafel *„aus beschichtetem Hartschaum mit Leichtmetallrahmen (Größe ca. 150 x 125 cm). Sie eignet sich zum Anheften von Plakaten und Moderationskarten. Bei einer Moderation sind immer alle Tafeln mit Packpapier behängt, um auch spontan auf die Tafeln schreiben und Moderationskarten festkleben zu können. Die Pinwand ist freistehend und kann von beiden Seiten benutzt werden. Sie eignet sich auch als Raumteiler, um Kleingruppen oder Info-Stände voneinander optisch abzuschirmen."* [16]

Zu den Vorteilen des Flipcharts, die das Pinboard alle nochmals enthält, tritt also eine zusätzliche Flexibilität in der Informationsverarbeitung: Die Karten mit Informationseinheiten können beliebig umgehängt, neu angeordnet, verdoppelt, ergänzt werden; Farben können zur Strukturierung eingesetzt werden; auf dem Papier selbst können Notizen und übergeordnete Strukturen festgehalten werden; kurzum: das Pinboard entwickelt sich sozusagen mit dem Gesprächsprozeß mit und bildet ihn dabei stets adäquat ab.

Abbildung 4-11: Beachten Sie auch beim Gebrauch des Pinboards einige Regeln!

Der wesentliche Nachteil des Mediums besteht in seiner mühsamen Aufarbeitung nach der Sitzung. Das liegt vor allem an seiner sehr hohen Informationsdichte, zum Teil an den nur in Stichworten festgehaltenen Informationen und unter Umständen auch an dem anregenden Impuls, der sich über die kreative Visualisierung auf der Pinwand, aber nicht über eine schreibmaschinengeschriebene „trockene" Schwarzweiß-Dokumentation im DIN-A4-Format erschließen läßt. Zur Dokumentation empfiehlt es sich deshalb, bearbeitete Pinboards abzufotografieren.

Als Präsentationsinstrument ist das Pinboard dann geeignet, wenn der dargestellte Stoff anschließend zur Diskussion und zur Disposition steht.

4.2.3 Umgang mit Overhead-Folien

Während Flipchart und Pinboard eher Medien zur groben, hemdsärmeligen Darstellung sind, bieten Folien die Möglichkeit, alle Register der Typographie zu nutzen. Nicht zuletzt deshalb sind sie eines der am häufigsten angewandten Medien bei Vorträgen, Präsentationen und Schulungen. Die Overhead-Folie ist eine transparente Vorlage im DIN-A4-Format, die durch Projektion für alle sichtbar gemacht wird.

Folien erlauben etwas kompliziertere Darstellungen als Flipcharts. Wenn es darum geht, Daten und Fakten zu vermitteln, an denen nichts verändert wird, ist die Folie das angemessene Medium. Entsprechend aufwendiger ist ihre Vorbereitung. Von Vorteil ist weiterhin die einfache Dokumentation während der Nachbereitung. Die Zahl der Personen, die optisch erreicht werden können, hängt nur vom Projektionsgerät ab; Folien haben unter den Präsentationsmedien die größte Reichweite. Die Weiterverarbeitung von Informationen, die mit Folien eingebracht wurden, ist nicht so flexibel wie beim Einsatz von Flipcharts. Zum Beispiel sind nicht mehr als zwei bis drei Folien gleichzeitig nebeneinander sichtbar, in aller Regel nur eine einzige.

In der Handhabung von Präsentationsfolien haben sich einige Techniken herausgebildet, die wir kurz skizzieren möchten.

Erarbeiten:
Hierbei werden Teile der Folien schon vorbereitet (Urfolien) und erst während des Vortrages durch weitere Informationen ergänzt – auf Leerfolien, die auf

> Sollten Sie noch kein routinierter „Handwerker" bei der Bearbeitung von Overheadfolien sein, vertrauen Sie darauf, daß gerade dieses Medium sich zum „Learning by Doing" eignet.

Folien sind:

* **Kurz**
  - Knapp, doch nicht gedrängt
  - schlagwortartig
  - zielorientiert

* **einfach**
  - Klar in der Darstellung
  - einsichtig
  - geläufig

* **übersichtlich**
  - mit "rotem Faden"
  - strukturiert
  - Wesentliches hervorhebend

* **anregend**
  - interessant im Inhalt
  - abwechslungsreich gestaltet

Abbildung 4-12: Overheadfolien sind nicht nur transparent, sondern auch aus anderen Gründen gut als Medium für Präsentationen geeignet.

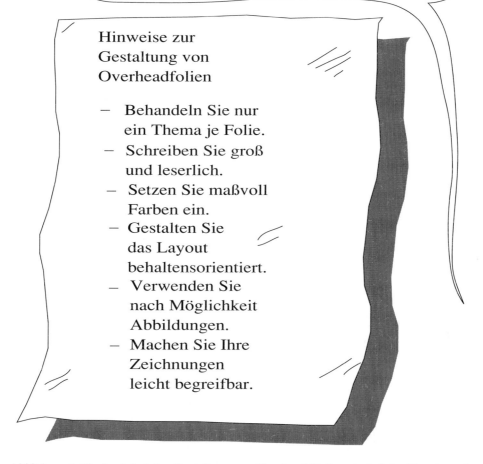

Abbildung 4-13: Auch bei der Gestaltung von Overhead-Folien sind einige Regeln zu beachten.

die Urfolien aufgelegt und später weggeworfen werden können. Das Erarbeiten läßt den Zuhörern die Möglichkeit, die Darstellungen schrittweise zu verfolgen.

Abdecken:
Dabei werden vollständig vorbereitete Folien eingesetzt, die allerdings nur schrittweise (in Abhängigkeit vom Stand des Vortrages) gezeigt werden. Dies beugt einer möglichen Ablenkung vom gesprochenen Wort vor, da sonst die Zuhörer oftmals erst die ganze Folie lesen und dem Vortragenden nicht ihre volle Aufmerksamkeit widmen. Wichtig dabei ist, das Abdeckblatt unter und nicht (wie oft zu sehen) auf die Folie legen, weil Sie als Vortragender somit schon den nächsten Punkt lesen und leichter einen entsprechenden Übergang finden können.

Aufklappen:
Wenn das Abdecken der Folie wegen der komplexen Darstellung nicht möglich ist und Sie dennoch ein schrittweises Vorgehen anstreben, dann könnte sich das Aufklappen eignen. Dabei werden ausgeschnittene Abdeckteile mit Klebefilm am Rand der Folie befestigt und nach Bedarf zurückgeklappt. So werden nur die relevanten Ausschnitte jeweils sichtbar gemacht.

Sukzessiv ergänzen:
Bei dieser Vorgehensweise werden die Informationen auf mehrere zusammengehörende Einzelfolien verteilt und in mehreren Schritten allmählich ineinander-gefügt. (Bei bis zu sechs Folien kein Problem) Zweckmäßig erscheint es, die einzelnen Folien mit entsprechenden Markierungszeichen zu versehen, damit die Darstellungsteile auch tatsächlich ineinander passen. Außerdem sollten Sie als Vortragender beim Übereinanderlegen der Folien den Projektor ausschalten, weil sonst die Zuhörer mit Neugier Ihre „Schiebe"-Versuche beobachten, schmunzeln und so abgelenkt werden.

Eine Variante der sukzessiven Ergänzung besteht darin, eine Serie von Folien zu verwenden, in der die nachfolgende stets den Inhalt der vorausgegangenen Folien enthält. Hierbei müssen Sie allerdings einen etwas größeren Aufwand für die Erstellung der Folien in Kauf nehmen.

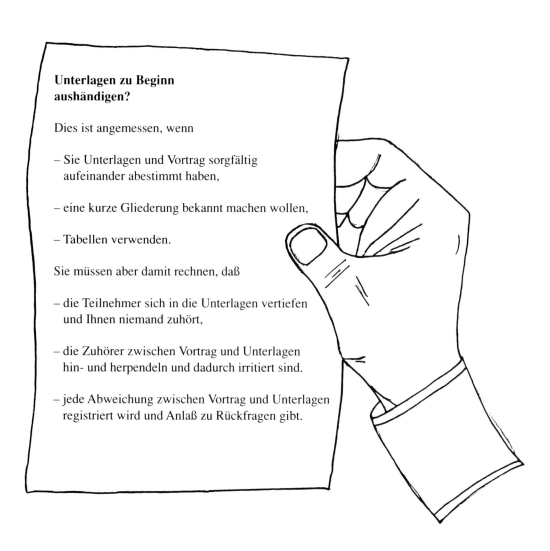

Abbildung 4-14: Der Einsatz von Handouts muß bei der Vorbereitung bedacht werden.

Unterlagen nach Ende aushändigen?

Dies ist sinnvoll, wenn

– Sie ein Einführungsreferat halten und interessierten Teilnehmern weiterführendes Material zur Verfügung stellen wollen,

– die Teilnehmer größere Mengen Wissen oder Methoden lernen und später zur Verfügung haben sollen,

– eine Diskussion unmittelbar anschließt.

Sie müssen aber damit rechnen, daß

– nachgeschlagene Unterlagen, die über den Vortrag hinausgehen, Unmut auslösen („Das hätte man vorher zur Verfügung haben müssen"),

– die Motivation, etwas nachzulesen, stark von der Qualität Ihres Vortrages abhängt.

Abbildung 4-14: (Fortsetzung)

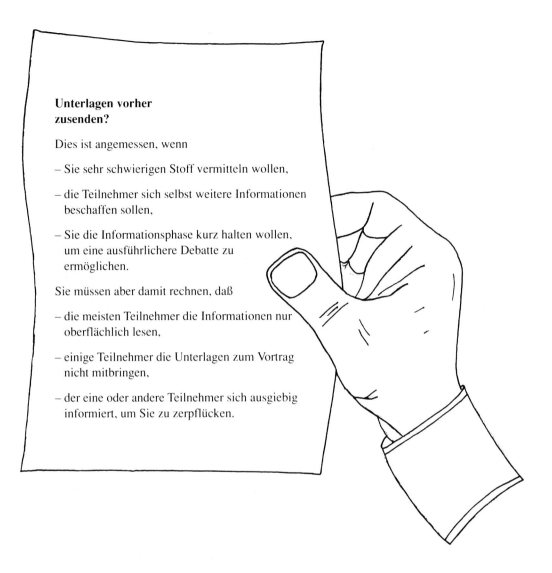

Abbildung 4-14: (Fortsetzung)

4.2.4 Umgang mit Handouts

„Handouts" sagt man heutzutage hierzulande zu schriftlichen Unterlagen, erstens, weil es sich besser anhört, zweitens, weil dieselben ausgehändigt werden. Bei ihrer Erstellung gelten die nun schon bekannten Grundsätze

einfach, strukturiert, kurz, anregend,
behaltensorientiert, empfängerorientiert

wenn auch nicht in der Strenge, wie bei Flipchart oder Folie. Handouts gestatten dem Verfasser, sich etwas breiter auszulassen. Entsprechend größer ist seine Gestaltungsfreiheit.

Von Interesse ist im Rahmen einer Präsentation, zu welchem Zeitpunkt sinnvollerweise schriftliche Unterlagen ausgegeben werden. Drei Möglichkeiten bieten sich an, nämlich die Versendung im Vorfeld der Veranstaltung, das Austeilen zu Beginn und das Austeilen nach Ende der Präsentation. Alle drei Möglichkeiten haben Vor- und Nachteile. Dazu haben wir auf den Seiten 109 – 111 ein paar Überlegungen zusammengestellt.

4.3 Abfragetechniken

Auch die Abfragetechniken sind nichts anderes als differenzierte Varianten der Visualisierung. Sie sind input-orientiert, das heißt: mit ihnen wird ein anderes Ziel verfolgt als mit Folien, Flipchart und Hand-Outs. Abfragetechniken gestatten eine umfassende und übersichtliche Speicherung von Teilnehmerbeiträgen im Arbeitsproze.

Sach- und Beziehungsebene der Kommunikation können auf diese Weise getrennt sichtbar gemacht und unabhängig voneinander erörtert werden. Im betrieblichen Alltag wird im Vordergrund des Interesses stehen, die Moderationsmethode zur Erarbeitung qualitativ hochwertiger Sachergebnisse einzusetzen. Allerdings ist es beruhigend, zu wissen, bei Bedarf jederzeit während der Sitzung den Gruppenproze selbst aufklären zu können.

Während in vielen Berufssituationen überwiegend die „Sage-Haltung" bevorzugt wird, indem zum Beispiel präzise Anweisungen eine Aufgabenerledigung einleiten, ist dieses Muster in einem kreativen Gruppenproze oft unbrauchbar.

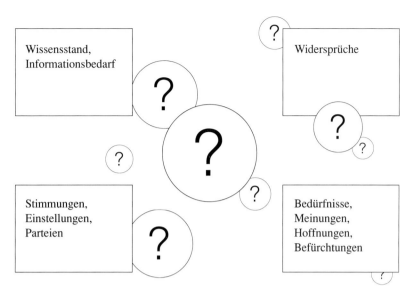

Abbildung 4-15: Fragen machen vieles sichtbar.

Eine Aussage ist in der Regel in sich geschlossen. Die „Frage-Haltung" dagegen ist offen: sie regt zum Mitdenken und Mitmachen an. Fragen können das Problembewußtsein erhöhen und das Finden von Argumenten und Ideen erleichtern. Für den Moderator heißt das also:

„Fragen statt Sagen!"

Fragen machen nicht nur den Stand und den Bedarf an Faktenwissen in der Gruppe sichtbar, sondern gegebenenfalls auch Bedürfnisse, Stimmungen und Widersprüche. Das illustriert Abbildung 4-15.

Fragen können verschiedene Intentionen und unterschiedliche Funktionen im Prozeßverlauf der Moderation haben, wie aus den Abbildungen 4-16 und 4-17 hervorgeht.

Alle Abfragetechniken sind so gestaltet, daß sie es erlauben, ja geradezu herausfordern, alle Ergebnisse und Lösungen in gemeinsamer Verantwortung zu erarbeiten. Die anfangs vielleicht abstrakt anmutenden Werte wie Souveränität und Homogenität gewinnen so eine ganz konkrete und faßbare Qualität.

Stimulierungsfragen regen an, sorgen für offene Atmosphäre	Welche Aspekte erscheinen besonders wichtig?
Informationsfragen erwarten direkte Antwort	Wie kommen Sie zu dieser Einschätzung?
Bestätigungsfragen dienen der Rückbestimmung bzw. Kontrolle des Gesagten	Haben alle den letzten Beitrag verstanden?
Alternativfragen lassen nur bestimmte Antworten zu	Neigen Sie zu Alternative A, B oder C?
Suggestivfragen legen gewünschte Antwort dem Gefragten „in den Mund"	Sie sind doch sicher meiner Meinung?
Rhetorische Fragen wecken Aufmerksamkeit, erwarten keine Antwort vom Gefragten	Und warum sage ich das? Weil…

Abbildung 4-16: Fragen folgen unterschiedlichen Intentionen im Moderationsprozeß.

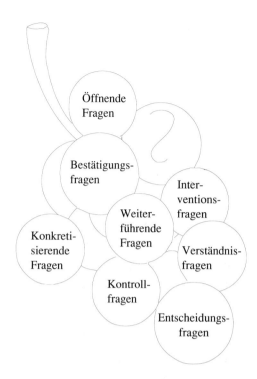

Abbildung 4-17: Fragen haben unterschiedliche Funktionen im Moderationsprozeß.

4.3.1 Punktabfragen

Viele Besprechungen leiden darunter, daß Meinungen und Einstellungen der Teilnehmer zu den diskutierten Themen unklar sind. Zwar mögen einige Teilnehmer ihre Meinung klar gesagt haben, aber es herrscht vielleicht eine mangelnde Transparenz bezüglich der Gesamtgruppe. Oder der Diskussionsleiter erklärt aus seiner Position heraus einen bestimmten Aspekt für den wichtigsten oder eine Lösung für die beste, aber die Gruppe sieht das ganz anders.

Hier kann eine Punktabfrage für mehr Transparenz oder für andere Akzente sorgen. Darüber hinaus kann sie bei der Zerlegung komplexer Probleme in Teilprobleme behilflich sein.

Ein weiterer und eher psychologischer Gewinn besteht darin, daß die Teilnehmer gefordert und aktiviert werden, indem sie zum Bepunkten eines an der

Ich nenne Ihnen jetzt ein paar Merkregeln für das Fragenstellen:

- Formulieren Sie die Frage eindeutig.
- Vermeiden Sie mehrere Themen in einer Frage.
- Visualisieren Sie die Frage.
- Stellen Sie die Frage so, daß kurze Antworten möglich sind.
- Provozieren Sie Antworten, nicht aber Teilnehmer.
- Nehmen Sie keine Antwort vorweg.
- Verwenden Sie Fragen, deren Antwortmöglichkeiten offen sind.
- Interpretieren Sie die gegebenen Antworten nur vorsichtig.
- Üben Sie Zurückhaltung und Umsicht bei der Bewertung von Antworten.

Man hört nur die Fragen, die man auch beantworten kann.

Abbbildung 4-18: Hilfreiche Regeln für das Fragen-Stellen

Technik	Einsatzphase	Ziele	Günstiger Rahmen

Einpunkt-fragen	– Einstieg
	– Orientierung
	– Zwischen-
	  bilanz
	– Abschluß
		– Stimmungs-
		  abfrage
		– Anwärmen
		– Transparenz
			– Plenum

Mehrpunkt-fragen	– Einstieg
	– Orientierung
	– Zwischen-
	  bilanz
	– Abschluß
		– Anwärmen
		– Gewichten
		  von Themen
		  und Lösungen
		– Messung von
		  Merkmals-
		  ausprägungen
		– Ergebnis-
		  sicherung
		– Abschluß
			– Großgruppen
			– Kleingruppen

Zuruf-fragen	– Orientierung
	– Arbeitsphase
		– Ideen-
		  sammlung
		– Themen-
		  speicher
		– Problem-
		  sammlung
			– bis zu acht
			  Teilnehmer

Karten-abfrage	– Orientierung
	– Arbeitsphase
		– Themen-
		  speicher
		– Klärung
		– Problem-
		  sammlung
		– Ideen-
		  sammlung
			– Plenum
			– Großgruppen
			– Kleingruppen

Abbildung 4-19: Bei der Moderationsmethode kommen verschiedene Abfragetechniken zum Einsatz.

Moderationswand aufgehängten Blattes ihren Platz verlassen müssen; es entsteht Bewegung; es werden kurze Bemerkungen ausgetauscht. Beide Aspekte beleben die Sitzung.

Das so entstehende Bewertungsbild stellt die Gruppenmeinung dar. Die Gruppe erlebt die gemeinsame Gestaltung und die gemeinsame Verantwortung sozusagen auch visuell.

Allen Illustrationen liegt der folgende einfache Ablauf zugrunde, dessen Zweckmäßigkeit in der Transparenz, der Beteiligung aller und im Eingehen auf Interessen und Auffassungen der Gruppenmitglieder liegt. Wobei sich natürlich die Frage stellt, ob man sich damit nicht das Problem der Mehrheiten-Manipulation einhandelt, indem inhaltlich sinnvolle Einzelmeinungen nicht hinreichend ausdiskutiert oder berücksichtigt werden.

Wie so oft, ist es auch hier eine Frage des Abwägens und der eigenen Praxis, welche Vorzüge man zu welchen Nachteilen in Kauf nehmen möchte.

Ablauf einer Ein-Punkt-Abfrage:

- Die Frage ist konkret und in der Alltagssprache zu visualisieren, möglichst in Form einer W-Frage (Was?, Warum?, Wie?, usw.) zu stellen.
- Die Frage soll vorgelesen und die jeweilige „Spielregel" für die Bewertung genau erklärt werden; besonders bei der Beantwortung innerhalb eines Koordinatensystems.
- Jeder Teilnehmer soll seine Position an der Moderationswand mit einem Punkt markieren.
- Wenn alle wieder auf ihrem Platz sitzen und den Überblick über das Ergebnis haben, nimmt sich der Moderator einen Filzstift und stellt die Frage „Was sagt Ihnen dieses Bild?" oder „Wie interpretieren Sie das Ergebnis?"
- Alle Kommentare werden in Kurzform mitvisualisiert und die inhaltlichen Verbindungen zu einem kommentierten Punkt zusammengefaßt.
- Abschließend faßt der Moderator die Kommentare konzentriert zusammen und fährt im Verlauf der Veranstaltung fort.

Ein-Punkt-Abfragen eignen sich u.a. als Stimmungsbarometer in jeder Phase des Arbeitsprozesses (vgl. Abbildung 4-20), insbesondere beim Anwärmen und zur Betonung der Gemeinsamkeiten am Schluß der Sitzung.

Dabei kann es um die Transparenz auf der Einstellungs- und Beziehungsebene gehen. Sichtbar wird auch, ob alle „in einem Boot" sitzen, oder ob einige Teilnehmer die Stimmung der anderen nicht teilen bzw. eine weitere Klärung erfolgen muß. Würde man solche Aspekte übergehen, liefe man Gefahr, daß die

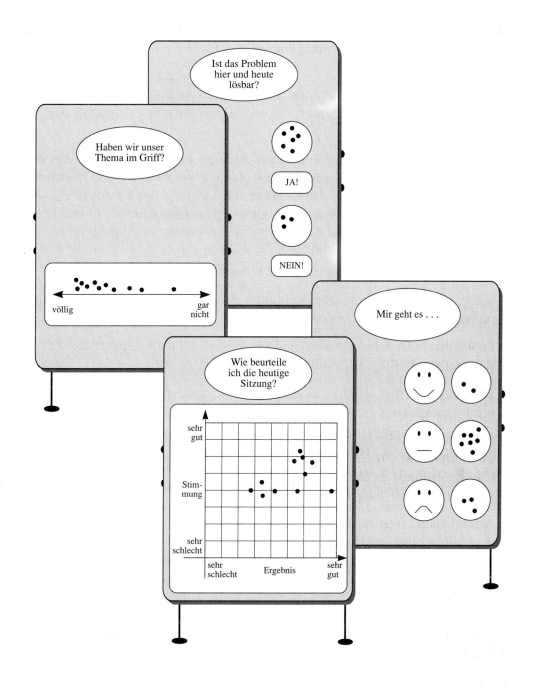

Abbildung 4-20: Die hier zusammengestellten Beispiele für Ein-Punkt-Abfragen zeigen unterschiedliche Visualisierungsansätze und Skalen für die Punkte-Zuordnung.

Inkongruenz der Auffassungen beim nächsten kontroversen Sachthema „verschoben" wieder zur Sprache kommen dürfte.

Auch zur thematischen Grob-Orientierung sind Ein-Punkt-Abfragen die angemessene Technik. Oder sie können im Rahmen von Entscheidungsprozessen für eine Vorklärung und u.U. auch für endgültige Entscheidungen herangezogen werden.

Der wesentliche Nachteil der Ein-Punkt-Abfrage besteht darin, daß sie den Handlungsspielraum der Teilnehmer stark einengt. Wenn Mehrfach-Antworten möglich sein sollen oder eine differenzierte Gewichtung des Urteils erwünscht ist, bietet sich die Mehr-Punkt-Abfrage als Erweiterung an.

Ablauf einer Mehrpunkt-Abfrage:

– Die verschiedenen diskutierten Aspekte werden aufgelistet/visualisiert.

– Jeder Teilnehmer erhält eine bestimmte Anzahl von Punkten (Selbstklebepunkte oder Stifte zum Malen).

– Es werden höchstens halb so viele Punkte wie genannte Aspekte für die Bewertung zur Verfügung gestellt.

– Die Punkte werden dann je nach der Fragestellung vergeben und sollten Prioritäten markieren.

– Das Markieren der jeweiligen Aspekte (Karten) mit Hilfe von Punkten soll im Normalfalle für alle sichtbar erfolgen, damit Konsequenzen und mögliche Koalitionen gefördert werden (geheime Abstimmungen sind für bestimmte Fragestellungen reserviert).

– Anschließend werden die Punkte ausgezählt und die Rangreihe der Aspekte deutlich sichtbar markiert.

– Das Ergebnis wird ähnlich zusammengefaßt, wie nach einer Ein-Punkt-Abfrage.

Je nach der Ausgangsfragestellung ist damit diese Phase zu Ende oder der Beginn für weitere Aktionen gesetzt. Nun können die ranghöchsten Probleme abgearbeitet oder die Beschlüsse in bestimmter Reihenfolge umgesetzt werden.

Mehrpunktabfragen führen in der Praxis oft zu unerwarteten Ergebnissen: Durch die individuelle und subjektive Gewichtung entstehen zuweilen Endgewichtungen der Gruppe, die diese am Schluß dann doch nicht stehen lassen möchte, weil irgendwelche unerwünschten Effekte auftreten könnten. Insofern entstehen durch diese Vorgehensweise auch oft wichtige Zwischenklärungsprozesse, die eine neue Richtung der Diskussion bzw. des Vorgehens einleiten.

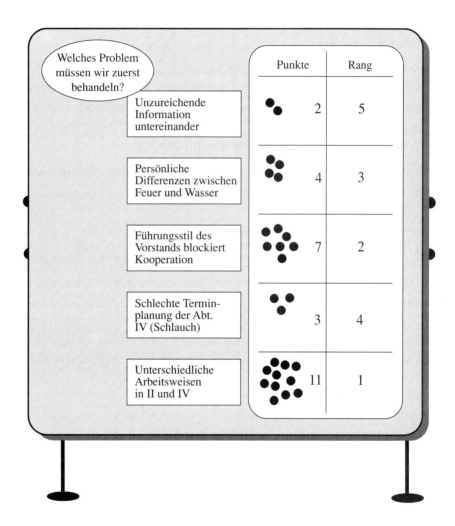

Abbildung 4-21: In diesem Beispiel ist einer Mehrpunkt-Abfrage durchgeführt worden, um einen Themenspeicher in eine Tagesordnung zu verwandeln.

4.3.2 Zurufabfragen

Wo spontan Gedanken, Ideen, Probleme, Meinungen, Vorschläge, Hinweise, Lösungen und andere die Weiterarbeit anregende Statements gesucht und gesammelt werden, eignet sich dieses Vorgehen. Vor allem dann, wenn die Fragestellung kein aufwendiges Nachdenken erfordert oder wenn ein unmittelbares Ordnen und Zusammenfassen wie bei der Kartenabfrage nicht angestrebt wird. Eine spätere Auswertung durch die Gruppe oder einen Experten ist dabei freilich nicht ausgeschlossen.

Allerdings ist die Zurufabfrage weniger gut geeignet bei komplizierten Fragen und bei Antworten in Situationen, in denen wegen der Zusammensetzung der Gruppe oder aus anderem Grund keine Unbefangenheit herrscht. Dies gilt auch für Gruppen von mehr als acht Teilnehmern, in denen erfahrungsgemäß – besonders zu Beginn – die Spontaneität gedämpft ist.

Als Abfragetechnik für größere Gruppen eignet sich darum eher die Kartenabfrage.

Ablauf einer Zuruf-Abfrage:

- Stellen Sie die Frage kurz und klar.
- Visualisieren Sie die Frage.
- Geben Sie anregende Beispiele für mögliche Antworten.
- Präparieren Sie Flipcharts oder Pinboards durch entsprechende Aufteilungen.
- Schreiben Sie alle Zurufe auf. Damit die Spontaneität der Gruppe nicht gebremst wird, empfiehlt sich der Einsatz von Helfern, die abwechselnd mit Ihnen schreiben.
- Ermuntern Sie die Teilnehmer zu weiteren Äußerungen; verhindern Sie Bewertungen und Diskussionen.
- Fassen Sie lange Zurufe für die Helfer zusammen.
- Kontrollieren Sie, ob die notierten Formulierungen den gemeinten Sinn des Zurufs ausdrücken.
- Lassen Sie gegebenenfalls die Aussagen durch (Punkt-) Bewertungen gewichten.
- Fassen Sie das Ergebnis zusammen.
- Überlegen, diskutieren und formulieren Sie die mögliche Form der Weiterverarbeitung.

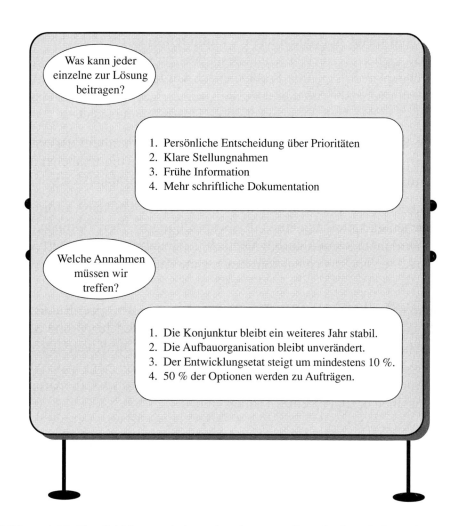

Abbildung 4-22: Zuruf-Abfragen sind angebracht, wenn überschaubare Informationsmengen zu erwarten sind, wie es in diesen beiden Anwendungsbeispielen der Fall ist.

4.3.3 Kartenabfrage

Diese Technik stellt oft bei größeren Gruppen und heiklen Themen die Standard-Technik der Orientierung und Problemanalyse dar. Sie erlaubt (auch anonym), zu Problemen spontan Stellung zu nehmen, und ermöglicht zudem die Gruppierung der Aussagen nach Oberbegriffen.

Da der Arbeitsablauf zu Problemthemen hinführen kann, die nur schwer voraussagbar sind, eignet sich diese Technik besonders zur Gliederung eines inhaltlich nicht durchgeplanten Ablaufs. Problematisch wird der Einsatz nur dann, falls der Moderator versucht, mit dieser Technik seine eigene inhaltliche Planung zu bestätigen – es kann dann mitunter sehr böse Überraschungen geben!

„Es schließt sich an eine Kartenabfrage immer die Sammlung der erhaltenen Oberbegriffe in einem „Themenspeicher" an. Hier werden die erhaltenen Themen von der Gruppe gewichtet und damit der inhaltliche Arbeitsablauf festgelegt.

Wesentliche Vorteile der Kartenabbfrage liegen darin, daß keine Informationen verlorengehen und alle Teilnehmer der Besprechung zu Wort kommen. Die Diskussion wird nicht zwangsläufig von einigen „Hierarchen" dominiert. Und die Stillen im Lande kommen auch zum Zuge, ohne daß man sie öffentlich nötigen muß.

Die Kartenabfrage fördert und fordert die Beteiligung aller in der Runde. Sie ermöglicht die gleichzeitige Produktion einer Vielzahl von Ideen und Stellungnahmen, ohne vorschnell diese zu bewerten und damit die Kreativität zu blockieren. Die Teilnehmer werden aktiviert und lebendig. Die Abgabe der Stellungnahmen rundum erlaubt einen raschen Überblick darüber, wo die Gruppe und wo die einzelnen bezüglich eines Themas stehen.

Ablauf einer Kartenabfrage:

Vorbereitung
- Stellen Sie zwei Moderationswände auf.
- Visualisieren Sie die Frage deutlich
- Legen Sie ausreichend viele Karten für die Teilnehmer bereit.
- Achten Sie bei heiklen Themen darauf, daß die Karten farblich gemischt sind, oder daß nur eine Farbe zur Verfügung steht, um die Wiedererkennbarkeit der Autoren zu vermeiden.
- Legen Sie ausreichend viele Filzstifte und Nadeln bereit.

Fragestellung
- Stellen Sie die Frage kurz und klar. Weisen Sie auf die Visualisierung hin.
- Geben Sie anregende, aber nicht manipulative Beispiele für mögliche Antworten
- Sagen Sie, wieviel Zeit die Teilnehmer haben, und wie viele Antworten Sie erwarten.

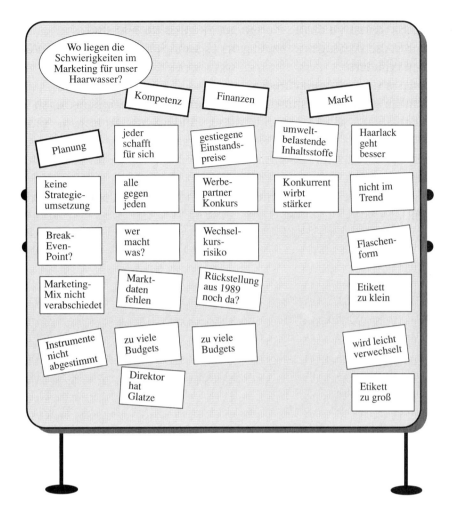

Abbildung 4-23: Kartenabfragen sind angebracht, wenn schwer überschaubare Informationsmengen zu erwarten sind, wie es in diesem Beispiel der Fall ist.

Antworten
- Lassen Sie alle Aussagen auf Karten schreiben, je Aussage eine Karte.
- Achten Sie darauf, daß die Teilnehmer groß und lesbar schreiben.
- Reden Sie wenig, solange die Teilnehmer schreiben.
- Lassen Sie die Teilnehmer selbst die Karten anpinnen. Achtung: Gerade hochrangige Gruppen lassen gerne den Moderator arbeiten. Aber: Der Moderator ist nicht der Butler!

- Achten Sie darauf, daß alle Karten gut sichtbar für alle sind.
- Lesen Sie die Aussagen einzeln vor. Lassen Sie sie nötigenfalls von ihren Autoren erläutern.
- Ermuntern Sie zu Verständnisfragen.
- Ordnen Sie gemeinsam mit der Gruppe die Karten möglichst nach Sinnzusammenhängen. Markieren Sie diese, bilden Sie Klumpen, setzen Sie Farben dabei ein.
- Stellen Sie Diskussion und Einwände bis zum Ende des Vorstellens und Ordnens zurück.
- Kennzeichnen Sie Übereinstimmungen und Verschiedenheiten verbal und optisch.

5. Zielgerichtete Prozeßsteuerung

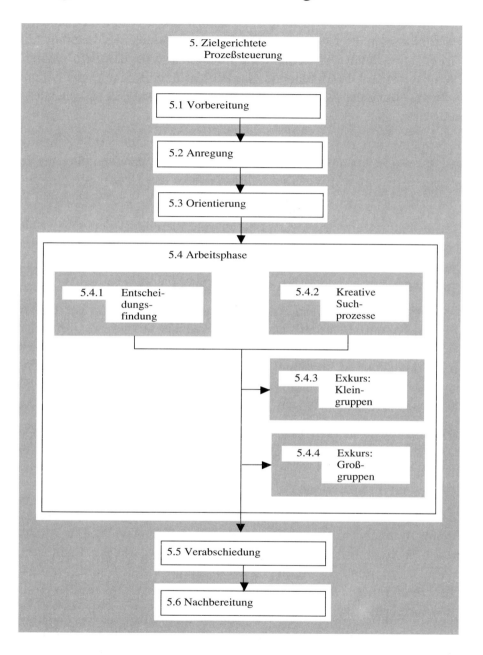

Abbildung 5-0: Gedankenflußplan zum 5. Kapitel

Ziehen wir eine kurze Zwischenbilanz: Aus der alltäglichen Problematik von Besprechungen und Konferenzen konnten wir auf der Grundlage einer humanistischen Sozialpsychologie Anforderungen an Moderator und Teilnehmer formulieren. Unter Zuhilfenahme weiterer Erkenntnisse aus der Persönlichkeits- und Gruppenforschung war es uns dann möglich, die für den Erfolg einer Besprechung wesentlichen Charakteristika des Moderators, die Voraussetzungen der Teilnehmer und das Repertoire an Verständigungsmedien zu benennen und zu präzisieren.

Die Erörterung einiger gruppendynamischer Aspekte hatte darüber hinaus ein für unsere Zwecke brauchbares Phasenschema des Gruppenverhaltens zum Ergebnis, dazu Ansatzpunkte für Interventionen bei einer gestörten Kommunikation.

Dies alles ist nunmehr in ein Gesamtbild zu integrieren, das den ganzen Moderationsprozeß sichtbar macht. Damit sind dann „endlich" die einfachen Fragen zu beantworten, die der Praktiker, der Besprechungsteilnehmer, der angehende Moderator und der Beobachter zum Thema stellen:

Wie ist zu erreichen, daß Besprechungen systematischer verlaufen? Daß mehr dabei herauskommt als bisher? Daß ich zufriedener aus ihr herausgehe? Wie kann ich selbst ein besserer Teilnehmer werden? Was kann ich als Moderator tun, wenn das Klima nicht stimmt? Wenn Aggressionen auftreten? Wenn alle schweigen? Wie sind die Teilnehmer unter einen Hut zu bringen? Wie sind die Ergebnisse umzusetzen?

Um all diese Fragen beantworten zu können, führen wir eine Systematik ein, die eine Orientierung im Moderationsprozeß erlaubt. Zweckmäßig erscheint hier das bereits in Kapitel 3 eingeführte Phasenschema von Gruppenprozessen, das wir speziell für moderierte Arbeitstreffen modifizieren.

Daraus folgt: Der mit den vier Schritten Forming-Storming-Norming-Performing bezeichnete Prozeß bildet die eigentliche Durchführung der Sitzung, also auch den langfristigen Arbeitsverlauf einer Gruppe (zum Beispiel den einer moderierten Projektgruppe). Zu ihrem Gelingen gehört aber auch die angemessene Vorbereitung (mindestens des Moderators, besser aller Teilnehmer) und die ebenso angemessene Nachbereitung.

Die Anregungsphase (Forming oder auch: Warming) wird als eigenständiger Abschnitt anerkannt. Die Auseinandersetzung mit den inhaltlichen Positionen

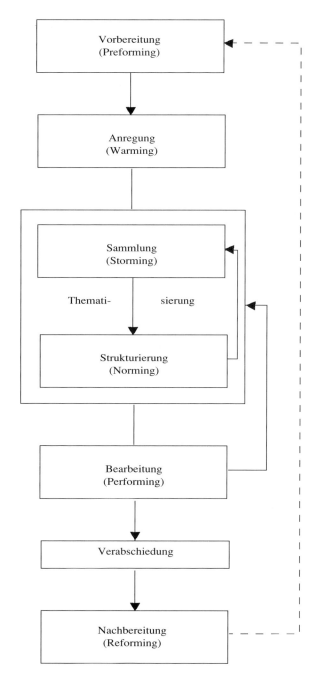

Abbildung 5-1: Das Phasenschema moderierter Arbeitstreffen ist eine wesentliche Orientierungshilfe.

(Storming) und ihre (Re-)Strukturierung (Norming) fassen wir demgegenüber zu einer einzigen Phase der „Thematisierung" zusammen, weil Storming und Norming in einem häufigen Wechselspiel stattfinden.

Die Bearbeitungsphase bleibt wieder für sich stehen. Als weiteren Schritt der Durchführung führen wir eine Phase der „Verabschiedung" (sowohl der Ergebnisse als auch der Beteiligten voneinander) ein.

Das damit gegebenen Phasenschema moderierter Arbeitstreffen ist in Abbildung 5-1 wiedergegeben. Es ist zugleich die Grundlage für die Gliederung des vorliegenden Kapitels.

Man könnte die Phasen auch wie folgt bezeichnen:

– Aufsetzen   (Vorbereitung)
– Zusammensetzen   (Anregung)
– Dransetzen   (Thematisierung)
– Auseinandersetzen   (Bearbeitung)
– Absetzen   (Verabschiedung)

(Dann bliebe aber für die Nachbereitung vielleicht nur der Begriff „Entsetzen" übrig.)

5.1 Vorbereitung

*Die Problematik erst entdeckt,
wer sorgfältig die Lage checkt.*

Jede Sitzung bezieht sich auf Fragen, Anlässe, Probleme. Thematik und Ziele sind ihre Kristallisationspunkte und ihre Legitimation. Alle Vorbereitung ist folglich an der Thematik und den Zielen auszurichten.

Eine geordnete Vorbereitung geht sinnvollerweise den folgenden Leitfragen nach:

1. Wie lautet das Ziel der Sitzung?   (Ziel)
2. Was sollte bearbeitet werden?   (Inhalt)
3. Wie könnte das Thema bearbeitet werden?   (Ablauf)
4. Wer kommt für die Besprechung in Frage?   (Gruppe)

5. Wo kann die Bearbeitung stattfinden? (Ort)
6. Wann kann die Bearbeitung stattfinden? (Datum)
7. Womit kann die Bearbeitung zweckmäßig unterstützt werden? (Medien)

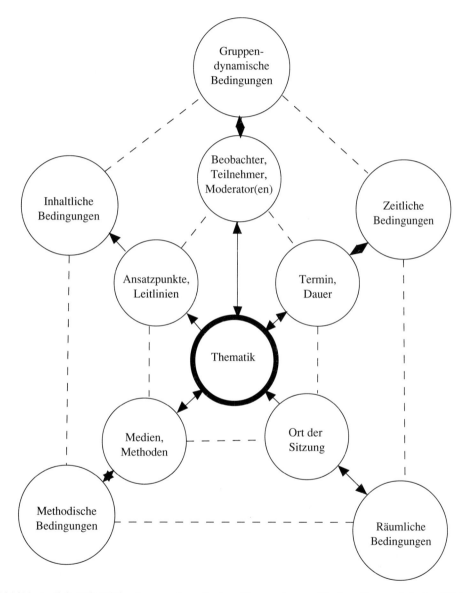

Abbildung 5-2: Mit Hilfe einer systematischen Besprechungs-Vorbereitung wird eine Vielzahl äußerer Bedingungen mit der Thematik der Sitzung abgestimmt.

Den Einstieg bilden die beiden ersten Fragen. Zunächst ist zu formulieren, welche Ziele durch die Sitzung erreicht werden sollen oder können. Sodann ist das Thema der Sitzung so weit wie möglich zu strukturieren, zum Beispiel in zentrale Fragen, vorgelagerte Fragen, Folgeprobleme und weniger relevante Nachbarthemen. Dazu gehört auch die vorsorgliche Trennung der sachlichen und persönlichen Aspekte, als das Sortieren von „Themenschubladen" und „Beziehungskisten."

Daran kann die Beantwortung der „Wie?"-Fragen anschließen. Wie ist das Thema inhaltlich zu bearbeiten? Wie setzt man an? Und so weiter.

Jede Überlegung hat dann bestimmte inhaltliche Bedingungen zur Folge, die mit den anderen Bedingungen (Gruppe, Ort, Datum, Medien) abgestimmt werden müssen, unter Umständen zur Revision des „Wie?" führen. Vielleicht ist es gar nicht sinnvoll, das Thema in einer Besprechung zu bearbeiten.

Die in der Vorbereitung abgesteckten inhaltlichen Aspekte der Arbeitssitzung sind später in der Thematisierungsphase zur Diskussion zu stellen. Das heißt nun aber keinesfalls, daß der Moderator auf eine inhaltliche Vorklärung verzichten könnte oder sollte, in der vorschnellen Annahme, daß die Gruppe ohnehin macht, was sie will. Es soll eine erste Orientierungshilfe für die Teilnehmer erreicht werden, die hilfreich strukturiert, Zeit spart und zielführend ist, die aber auch prinzipiell mit der Gruppe modifiziert werden kann.

Wer als Teilnehmer in Frage kommt, ist ebenfalls anhand der Zielformulierung oder der Themendefinition zu entscheiden. Kriterien für eine Einladung sind der Grad der „Betroffenheit", die Fachkompetenz und die Entscheidungskompetenz. Nur selten dürfte eine Person alle Kriterien erfüllen.

Aus dem Teilnehmerkreis ergeben sich dann die mehr oder weniger gut voraussehbaren gruppendynamischen Bedingungen der Arbeitssitzung.

Ein kleines Beispiel für die Abstimmung zwischen den Faktoren „Teilnehmer-Zusammensetzung" und „Inhalt" ist die Entscheidung, ob in Kleingruppen oder im Plenum gearbeitet wird.

Sehr komplexe Problemstellungen sprechen in der Regel für eine Kombination der verschiedenen Methoden und Ablauf-Formen.

Die Fragen, wie dringlich ein Problem ist und wo man es lokalisieren kann, machen Entscheidungen über Ort und Zeit des Arbeitstreffens notwendig. Im übrigen sind Zeitpunkt, Dauer und Treffpunkt von den Teilnehmern abhängig.

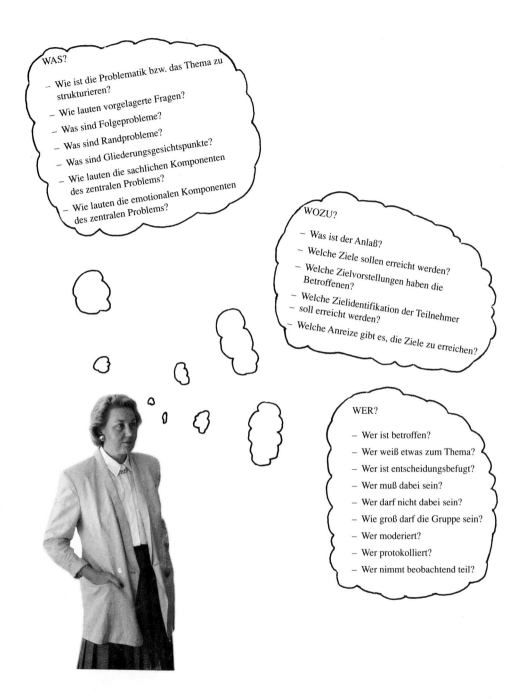

Abbildung 5-3: Diese Checklisten dienen der Moderationsvorbereitung.

WIE?
- Was soll fest vereinbart werden?
- Welche Arbeitsphasen sind sinnvoll, welche Schritte stehen am Anfang?
- Welche Fragen und Schritte bilden einen roten Faden zum Ziel?
- Welche Verständigungsprobleme sind zu erwarten?
- Welche Vorabinformationen haben die Teilnehmer bereits, welche müssen noch gegeben werden?
- Wer soll informiert werden?
- Gibt es bereits Vorleistungen oder Vorentscheidungen?
- Was soll dokumentiert werden?

WOMIT?
- Ist der Einsatz von Flipcharts sinnvoll?
- Ist der Einsatz von Pinboards und Kärtchen sinnvoll?
- Ist der Einsatz von audiovisuellen Medien (TV, Video, Film, Dias, Musik) sinnvoll?
- Ist das Arbeiten mit Schreibunterlagen sinnvoll?
- Ist die Ausgabe von Tischvorlagen sinnvoll?

WOMIT?
- Womit sind die Teilnehmer zu aktivieren?
- Wie sind konstruktive Teilnehmer als Impulsgeber für die anderen einzubinden?
- Womit ist das Thema transparent zu machen?
- Womit sind die Informationen und Transaktionen während der Sitzung aufzuzeichnen und wiederzugeben?

WIE?
- Welche „Spielregeln" sollen gelten?
- Welche Einstellung und welche Motivation der Teilnehmer zum Thema sind zu erwarten?
- Welche Widerstände sind zu erwarten?
- Welche Spannungen und welche offenen Konflikte unter den Teilnehmern sind zu erwarten?
- Wo besteht die Gefahr von Manipulation?
- Welche Teilnehmer werden sich konstruktiv verhalten?
- Was müssen die Teilnehmer über die Moderationsmethode wissen?
- Welche Arbeitsphasen sind gruppendynamisch sinnvoll?
- Bestehen Alternativen zur Besprechung oder zur Moderation?
- Ist die zeitweilige Auflösung des Plenums zur Einzel- oder Kleingruppenarbeit sinnvoll?

Abbildung 5-3: (Fortsetzung)

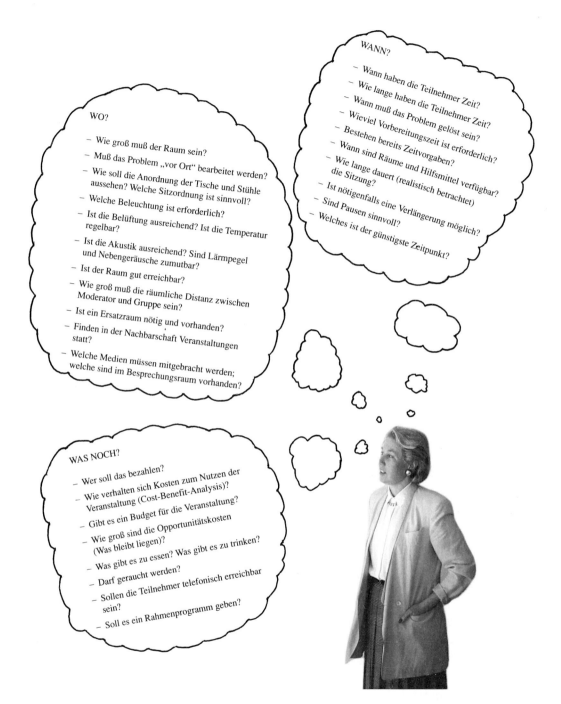

Abbildung 5-3: (Fortsetzung)

Medien und Methoden der Problembearbeitung passen sich ebenfalls der Thematik an. Wenn sich eine Redaktion über die nächste Zeitschriften-Ausgabe abschließend verständigt, kommt sie in der Regel ohne Kartenabfrage aus. Wenn sie anschließend erneut aktuelle Themen sammelt, braucht sie nicht gerade eine Video-Kamera. Aber vielleicht doch ein Flipchart.

In der schon berüchtigten Neigung, einfache Dinge möglichst geschickt zu verkomplizieren, habe ich die nachfolgenden Checklisten zusammengestellt – als Anregung für Sie, die Vorbereitung für eine von Ihnen geleitete Besprechung systematisch durchzuführen.

Diese Vorbereitung sollte einmünden in einen konkreten Ablaufplan, der die wichtigen Aspekte des geplanten Procedere enthält. Dabei ist zu berücksichtigen, daß die Vorbereitung nicht zu einem Korsett wird, das der Gruppe die erforderliche Spontaneität und Flexibilität nimmt.

5.2 Anregung

Die Teilnehmer sind gekommen. Der Moderator hat alles in bester Absicht vorbereitet. Es gibt kein Zurück mehr. Doch bevor die Arbeit losgeht, muß die Stimmung stimmen. Zwei Aspekte spielen hierbei eine Rolle:

– Die Gruppenmitglieder sollen sich nicht fremd sein und sich gegenseitig akzeptieren. Wertschätzung untereinander ist eine entscheidende Basis für eine erfolgreiche sachbezogene Arbeit.
– Die Gruppenmitglieder sollen Lust auf die Arbeit haben. Zielgerichtete Motivation ist eine weitere wichtige Komponente für eine effiziente Arbeit.

Kennenlernen, Akzeptieren und In-Bewegung-Setzen bezeichnet man auch insgesamt als Warming Up. Genau besehen, werden dabei erstmals nach dem Zusammenkommen die Prinzipien der Moderations-Methode praktisch umgesetzt:

– Transparenz
  Die Teilnehmer stellen sich vor. Die Ziele und Rahmenbedingungen der Arbeit werden dargestellt.
– Demokratie
  Die Teilnehmer haben Beteiligungs- und Gestaltungsmöglichkeiten innerhalb gewisser (unternehmensbezogener) Spielregeln und Kompetenzen.

– Toleranz
 Die Teilnehmer akzeptieren sich, ihre fachlichen Kompetenzen und ihre (potentiellen) Beitragsmöglichkeiten zur Problemlösung.
– Souveränität
 Die Gruppe insgesamt wird zum Problemlöser, weniger ein fachlich dominierender einzelner.

Für den Einsatz bestimmter Warming-up-Methoden gibt es einige Kriterien und Leitfragen:

– Wie gut müssen sich die Teilnehmer kennen?
– Ist die Gruppe schon länger zusammen oder konstituiert sie sich erstmals?
– Wurde die Thematik schon einmal behandelt?
– Soll die Gruppe geführt oder nicht geführt arbeiten?
– Wann soll die Anregungsphase als abgeschlossen betrachtet werden?

Die Anwärmphase verläuft „spielerisch" in dem Sinne, daß in dieser Phase die sachthematische Ebene weitgehend ausgeblendet wird und die Beziehungsebene in der Kommunikation in den Vordergrund tritt. Die Spielregeln des Verhaltens sind dabei sinnvollerweise vom Moderator vorzugeben: Das vorhandene Know-how des Prozeß-Steuerers sollte früh eingebracht werden, damit das entsprechende Rad nicht noch einmal neu erfunden wird.

5.2.1 Kennenlernen, Kaffee, Kekse

Es gibt eine Reihe von Kennenlern-Techniken, die interessanter, effektiver und lockerer sind als das übliche Vorgehen, bei dem jeder kurz seinen Namen, seinen Arbeitsbereich und seinen offiziellen Titel vorstellt, bevor man direkt „zur Sache" kommt. Diese Art der Darstellung scheint zwar sehr zeitökonomisch und arbeitsbezogen zu sein, fachlich aber ist diese Vorstellungsform recht förmlich distanziert und nur wenig auflockernd. Es ist nichts anderes als ein Minimum an persönlicher Öffnung und erlaubt nur eine erste zwischenmenschliche Orientierung. Zwar kommt man dann schnell zur Sache und erfüllt vordergründig die bestehenden Effizienzerwartungen, dies aber zum Preis einer gewissen Oberflächlichkeit, Steifheit und Vorurteilsbildung.

Zweckmäßiger erscheint es mir, wenigstens einige kleine Vorstellungs-Aktivitäten durchzuführen, um die Teilnehmer mehr zusammenzubringen.

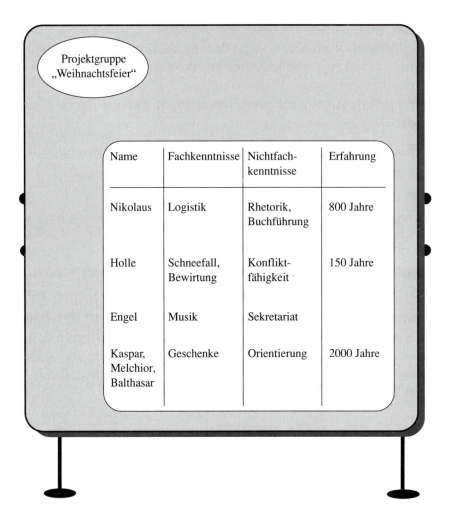

Abbildung 5-4: Die Projektgruppe „Weihnachtsfeier" stellt sich mit ihrem Gruppenziel vor.

Einige Beispiele:

Gruppenspiegel:
Bei Teilnehmern, die sich nicht kennen und die sich (aus welchem Grund auch immer) nicht besonders nahe kennenzulernen brauchen, ist der Gruppenspiegel eine unaufwendige Möglichkeit. Er benötigt wenig Material und wenig Zeit und kann während der ganzen Sitzung oder Tagung komplett sichtbar an der Wand hängenbleiben.

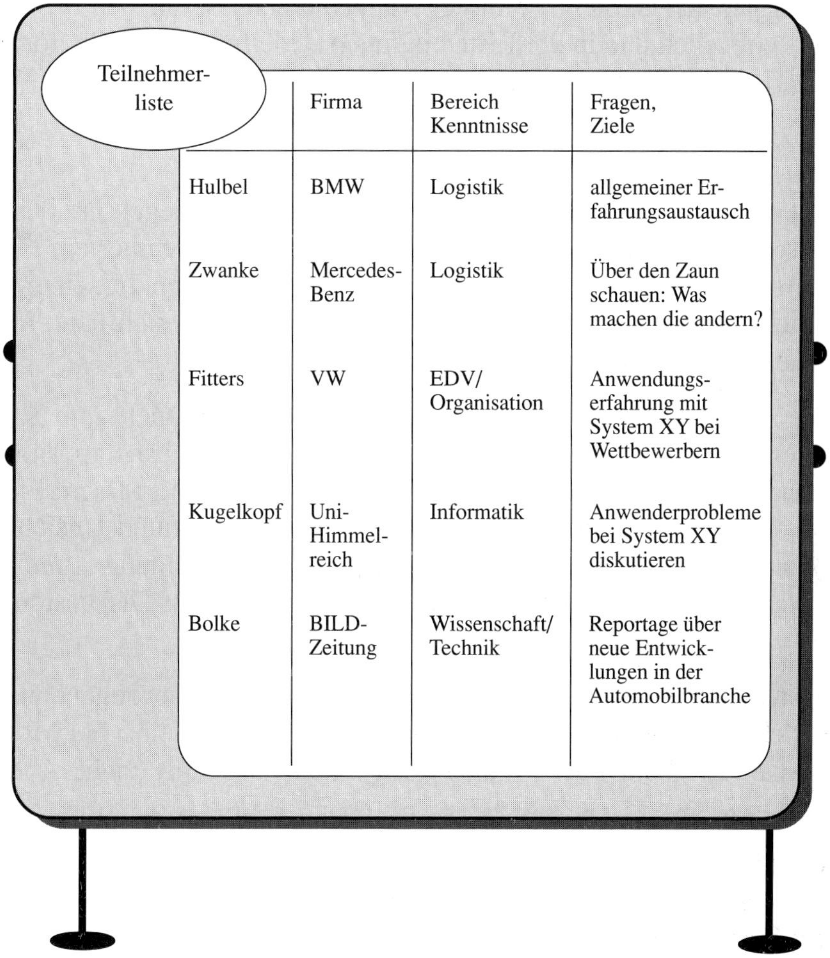

Teilnehmerliste	Firma	Bereich Kenntnisse	Fragen, Ziele
Hulbel	BMW	Logistik	allgemeiner Erfahrungsaustausch
Zwanke	Mercedes-Benz	Logistik	Über den Zaun schauen: Was machen die andern?
Fitters	VW	EDV/Organisation	Anwendungserfahrung mit System XY bei Wettbewerbern
Kugelkopf	Uni-Himmelreich	Informatik	Anwenderprobleme bei System XY diskutieren
Bolke	BILD-Zeitung	Wissenschaft/Technik	Reportage über neue Entwicklungen in der Automobilbranche

Abbildung 5-5: Die Projektgruppe „Fertigungssteuerung" stellt sich mit ihrem Gruppenspiegel vor.

Der Gruppenspiegel ist nichts anderes als eine Liste der Teilnehmer als Wandzeitung. Welche persönlichen Merkmale außer dem Namen darin aufgenommen werden, ist von Anlaß zu Anlaß verschieden und sollte von den Teilnehmern selbst entschieden werden. Wir haben als Beispiele die erste Sitzung einer Projektgruppe „Weihnachtsfeier" (siehe Abbildung 5-4) und das Symposium „Fertigungssteuerung in der Automobilindustrie" (siehe Abbildung 5-5) ausgewählt.

Am einprägsamsten ist diese Form des Kennenlernens, wenn sich die Teilnehmer selbst vorstellen und in der Liste eintragen. Jede frühe Aktivität fördert die Bereitschaft der Besprechungsteilnehmer, sich später im Plenum zu Wort zu melden.

<u>Selbstpräsentation:</u>
Ein weitergehendes Kennenlernen als beim Gruppenspiegel ist durch die Selbstpräsentation möglich. Dabei bereitet z.B. jeder Teilnehmer ein Flipchart vor, auf dem er einige vom Moderator vorgegebene Fragen zu seiner Person beantwortet – schriftlich oder bildlich. Im Plenum stellen sich dann alle vor, indem jeder sein Flipchart vor der Gruppe präsentiert.

Auf diese Art und Weise bringt man jeden Teilnehmer schnell zum Sprechen vor der Gruppe. Das hat den Vorzug, daß nach dieser „Selbst-Exposition" die Besprechungsteilnehmer nicht nur über einander wissen (die bessere Einschätzung gibt Orientierung und beruhigt die innere Nervosität und Unsicherheit), sondern auch lockerer sind und unbefangener ihre Meinung zum Thema äußern: Nach dem schnellen ersten Statement ist die Tür zur Diskussion weiter offen.

Die Fragen sollten eine ausgewogene Mischung aus themenbezogenen und privaten Aspekten ansprechen. Im folgenden Beispiel wurde ein vom Moderator vorstrukturiertes Blatt durch einen Teilnehmer ausgefüllt (siehe Abbildung 5-6).

<u>Wechselseitiges Vorstellen:</u>
Dies ist zwar die zeitaufwendigste Methode, aber auch die intensivste. Sie bringt eine Menge Bewegung und Lockerung in die Gruppe.

Je zwei Teilnehmer interviewen sich gegenseitig (pro Person etwa fünf Minuten lang). Die Fragen können vorgegeben sein; der Inhalt kann aber auch völlig offengelassen werden. Danach stellt jeder seinen Interviewpartner der Gruppe vor.

Die Methode begünstigt das Arbeitsklima enorm, eignet sich aber eher für Workshops und Seminare als für „normale" Arbeitsbesprechungen. Es ist eine Übung, die hohe Aufmerksamkeit und Einstellen auf den Gesprächspartner einerseits verlangt und andererseits auch fördert.

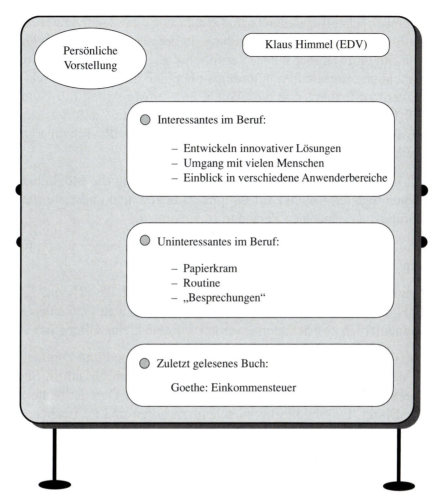

Abbildung 5-6: Der Leiter der Abteilung „Organisation und Datenverarbeitung" stellt sich mit dieser Selbstpräsentierung der Gruppe vor.

Marktplatz:

Im Rahmen eines Workshops oder eines Seminars, der die Teilnehmer (zum Beispiel Führungskräfte und Mitarbeiter) zusammenführen soll (etwa nach einer Umorganisation oder einfach in einem großen Unternehmen, wo sich nicht alle kennen können oder im Falle eines Konflikts zwischen zwei Abteilungen), gibt es eine leichte und spielerische Möglichkeit, die Teilnehmer relativ schnell aus der Distanz in eine vertraute Nähe zu bringen: die Marktplatz-Übung. Sie entkrampft die fremde Anfangssituation, bringt die verschiedensten Teilnehmer schnell zueinander und macht aus einer spannungsvollen Anfangssituation eine spielerische Erkundung, in der alle Teilnehmer etwas Aktives gemeinsam tun. Darüber hinaus vermittelt diese einfache Übung auch zwei nicht unerhebliche Botschaften, allerdings ohne daß diese plump direkt ausgesprochen werden: Erstens, daß die gemeinsame ernste Arbeit mit Humor und spielerisch leicht erfolgen soll (oder wird) und zweitens, daß der Moderator der Führer in dieser für die Teilnehmer noch nicht ganz überschaubaren Situation sein wird.

Zusätzlich hat der Moderator bei dieser Anfangs-Übung die Möglichkeit, seinerseits einen leichten Kontakt zur Gruppe zu bekommen und erste Eindrücke von der Gruppe und einzelnen Personen zu gewinnen.

Zum Ablauf: Der Moderator gibt nach der Begrüßung sinngemäß die folgende Instruktion:

„Wir arbeiten hier in den nächsten zwei Tagen über das Thema XY. Wir werden uns dabei persönlich in verschiedenen Situationen kennenlernen. Um dieses Kennenlernen zu erleichtern, werden wir eine kleine Übung machen.

Stellen Sie doch bitte alle Tische und Stühle an die Wand und kommen Sie in die Mitte des Raumes. Stellen Sie sich vor, Sie sind im Urlaub in Südfrankreich. Dort sind Sie in einem kleinen Dorf. In diesem Dorf ist heute morgen ein großer Markt. Es gibt allerlei zu sehen, zu hören und zu riechen. Es gibt Stände, Obst, viele Menschen. Und Sie wandern auf diesem Markt umher und schauen sich neugierig an, was es da alles gibt. Und unterwegs treffen Sie ein paar Leute, die Sie begrüßen und mit denen Sie ein paar Minuten plaudern, bevor Sie weiterwandern.

So, meine Damen und Herren, stellen Sie sich diese Situation vor und wandern Sie. Wandern Sie einfach über den Marktplatz, und wenn ich Ihnen die entsprechende Aufforderung zurufe, dann greifen Sie sich den Ihnen am nächsten stehenden Partner und stellen sich ihm vor. Dann bekommen Sie eine kleine Aufgabe."

Die Teilnehmer beginnen in der Regel erst zögernd, dann zunehmend unbefangen herumzulaufen und die Übung mitzumachen. Meist lachend und scherzend und mit wachsender Selbstverständlichkeit.

Die konkreten Aufgaben wechseln mit den Gruppen und berücksichtigen das Thema des Zusammentreffens, den Bekanntheitsgrad der Teilnehmer untereinander, die aktuelle Grundstimmung und auch einige Assoziationen zu den Bemerkungen der Teilnehmer selbst.

Die Teilnehmer haben dann drei bis fünf Minuten Zeit, um gemeinsam über ein Thema zu sprechen oder um dem Gesprächspartner mehr oder weniger direkt etwas über sich selbst mitzuteilen. Danach kommt die nächste Wander-Runde. Drei bis vier Runden genügen in der Regel, um die Gruppenmitglieder in einen guten Kontakt zueinander zu bringen.

Beispiel-Aufgaben für das gemeinsame Gespräch:

- Wie sehen meine morgendlichen Ablauf-Gewohnheiten aus – vom Aufstehen bis zum Arbeitsbeginn? Wie sieht ein typischer Tagesanfang bei mir aus?
- Was waren die beiden wichtigsten Führungsfragen oder Führungsprobleme, mit denen ich mich in den letzten drei Monaten auseinandergesetzt habe?
- Wie lauten die für mich persönlich wichtigsten Prinzipien in der Kindererziehung?
- Was war das positivste berufliche Ereignis, das ich in den letzten sechs Monaten erlebt habe?

5.2.2 In Bewegung setzen

Nach dem Kennenlernen geht es darum, die Gruppe als solche auf die gemeinsame Arbeit einzustimmen und etwaige Voreinstellungen zu klären. Dabei werden insbesondere Stimmungen und Erwartungen angesprochen.

Stimmungsabfrage:
Stimmungsabfragen sind oft Klebepunkt-Voten (Abbildung 5-7). Da sie mit einer gegebenen Skala arbeiten, sind Vergleiche über mehrere Sitzungen hinweg möglich.

Mögliche Fragestellungen sind:

- Wie fühlen Sie sich heute morgen?
- Wie sehr betrifft Sie unser Thema?
- Wie zufrieden sind Sie mit der Arbeit der Gruppe?

Eine weitere Möglichkeit der Stimmungsabfrage besteht darin, daß die Teilnehmer individuell gestaltete „Smilies" auf Karten malen und, mit ein paar

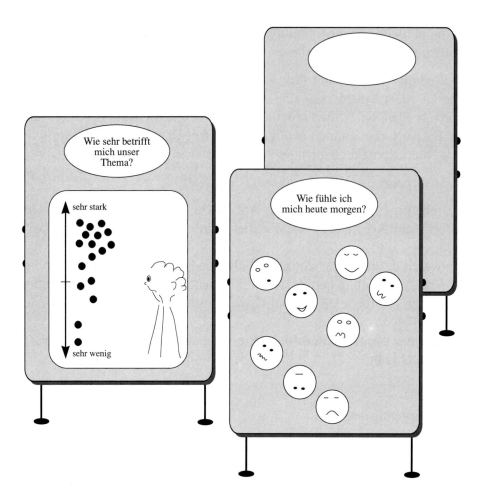

Abbildung 5-7: Stimmungsabfragen können in Form einer geschlossenen Einpunkt-Frage oder als offene Frage gestellt werden.

Stichworten versehen, im Plenum vorstellen und erläutern. Die „Smilies" können zum Beispiel die persönliche Grundstimmung am heutigen Tag oder die Zufriedenheit mit der bisherigen Arbeit der Gruppe wiedergeben (siehe Abbildung 5-7).

Alternativ dazu können Stimmungen offen abgefragt werden, indem allen Teilnehmern eine Graffiti-Wandzeitung am Eingang zur Verfügung steht, die phantasievoll bemalt werden soll.

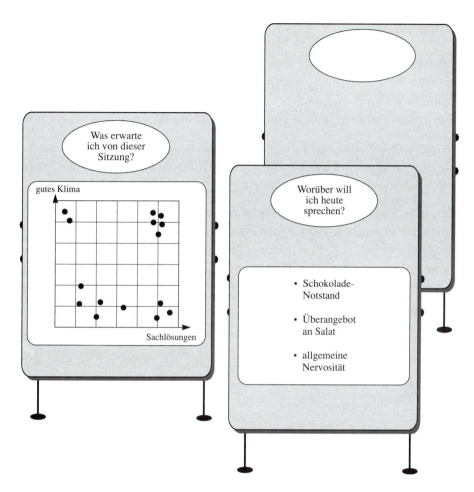

Abbildung 5-8: Erwartungsabfragen können in Form einer geschlossenen Einpunkt-Frage oder als offene Frage gestellt werden.

Erwartungsabfrage:
Stärker am Thema orientiert ist die Erwartungsabfrage, die Aufschluß über den Ausgangspunkt, mögliche Ziele und Probleme der anstehenden Diskussion geben kann. Abbildung 5-8 zeigt zwei Beispiele.

5.3 Orientierung

Ziele der Orientierungsphase: den Bezug der Gruppe zum Thema derart herstellen, daß die Bearbeitung überhaupt möglich wird. Die Informationsstände der Teilnehmer sind aneinander anzugleichen. Die Positionen sollen hinreichend mitgeteilt werden, damit eine zweckmäßige Weiterarbeit möglich wird.

Die Orientierungsphase verläuft unterschiedlich, je nach dem aktuellen Kenntnisstand der Gruppe und der bereits vorhandenen Strukturierung des Problems. Welche Methode dabei angemessen ist, geht aus Abbildung 5-9 hervor.

Aus den Überlegungen zur Gruppendynamik wissen wir, daß sich in der Orientierungsphase eigentlich zwei Prozesse abspielen, nämlich die Sammlung und Auseinandersetzung von Positionen (Storming) einerseits und die Vereinbarung von Spielregeln und die Verabschiedung eines Arbeitsprogramms (Norming) andererseits. Zwischen beiden Vorgängen kann beliebig oft hin- und hergesprungen werden.

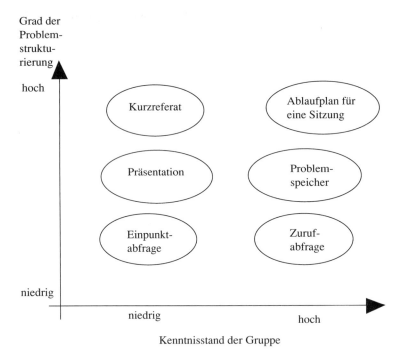

Abbildung 5-9: Welche Instrumente Sie in der Orientierungsphase einsetzen können, hängt von zwei Vorbedingungen ab.

Ebenfalls denkbar ist ein Rücksprung in die Anregungsphase, wenn etwa neue Leute zur Arbeitsgruppe stoßen oder einbezogen werden sollen.

In der Orientierungsphase bringt der Moderator seine Antworten auf die „Wozu"- und „Was"-Fragen aus der Vorbereitungsphase ein.

5.3.1 Bei vorstrukturierten Problemen

Wenn die Mehrzahl der Teilnehmer unzureichend informiert ist, kann ein Experte durch eine Präsentation das erforderliche Wissen vermitteln. Im Rahmen einer Moderation ist der Zeitrahmen natürlich recht eingeschränkt. Die optimale Dauer liegt zwischen fünf und zwanzig Minuten, denn die Teilnehmer sollen aktiviert, nicht eingeschläfert werden!

Sie sollten auch auf den Übergang zwischen Referat und Gruppenarbeit achten: durch vorgegebene Fragen zu vorgegebenen Themen fühlt sich die Gruppe mitunter entmündigt. Wenn Sie also die Fragen für die Gruppenarbeit vorher festlegen, sollten Sie der Gruppe zumindest die ernst gemeinte Option eröffnen, weitere Fragen in den Arbeitskatalog mit aufzunehmen.

Abbildung 5-10: Der Themenkatalog einer Sitzung zur geplanten PC-Einführung läßt noch Platz für weitere Vorschläge der Teilnehmer.

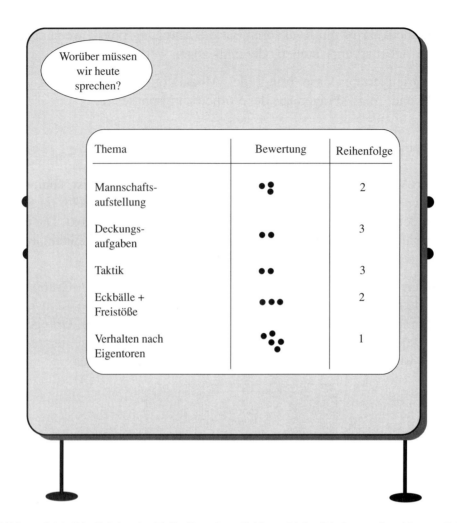

Abbildung 5-11: Die Spieler des Fußballvereins „Schlappekicker" haben rechtzeitig vor Spielbeginn einen Problemspeicher erstellt.

Nicht selten wird es Ihnen passieren, daß die Gruppe zusätzliche Themen besprechen will und diese Themen sogar als wichtiger empfindet als die vorgesehenen. Da Sie normalerweise eine für die Aufgabenstellung kompetente Gruppe eingeladen haben (sollten), ist es zuweilen sinnvoll, deren Prioritäten auch entsprechend zu berücksichtigen. Der Vorzug der Moderationsmethode liegt ja gerade darin, die Kenntnisse und Erfahrungen der Teilnehmer zu Abnutzen und die Gruppe nicht als bloßes Absegungs-Organ zu mißbrauchen.

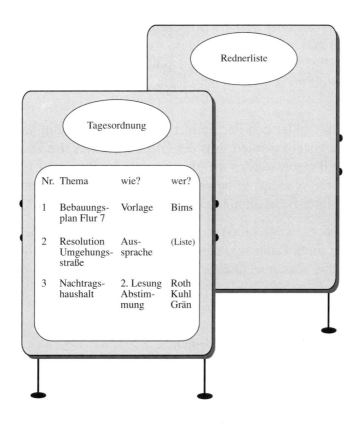

Abbildung 5-12: Die Tagesordnung des Gemeindeparlaments liegt schon vor Sitzungsbeginn fest.

Allerdings ist die zusammentretende Gruppe nicht immer so kompetent wie erwartet und nicht immer ist die Arbeitsatmosphäre „rein sachlich" oder arbeitsbezogen. Im Gegenteil: Oft ist die Arbeitsgruppe eine kleine Arena von gegensätzlichen sachlichen oder persönlichen Interessen und Bedürfnissen, die geregelt werden. Der Vorgesetzte, der eine Arbeitsgruppe moderiert, hat auch übergeordnete Ziele und Interessen zu vertreten, die er gemeinsam mit der Gruppe erreichen will oder soll. Folglich kann er der Gruppe nicht einfach folgen, sondern muß dafür sorgen, daß die Gruppe in einem Zielkorridor bleibt, der den übergeordneten Zielen entspricht. Deshalb muß er gegebenenfalls der Gruppe auch Grenzen setzen oder gar etwas gegen ihre Vorstellungen durchsetzen. Dies sollte offen und transparent erfolgen. Auch eine Gruppe ist (wie ein Vorgesetzter) nicht frei von „Spielen" und politischer Taktik. Vielmehr neigen gerade Gruppen oft zu schwer durchschaubaren Spielen, die wenig sachdienlich sind.

Ist die Fragestellung klar und der Teilnehmerkreis kompetent, kann direkt ein Problemspeicher erstellt werden. Aus der Gruppe entwickelte Themen, Probleme und Fragestellungen werden sichtbar notiert, anschließend von jedem mit Punkten nach ihrer Wichtigkeit bewertet und nach der erreichten Punktzahl in die Reihenfolge ihrer Bearbeitung gebracht.

Noch einfacher ist es, wenn schon eine Tagesordnung besteht, die nur noch aktualisiert werden muß. Dann sind nämlich auch schon voraussichtliche Zeitbedarfe und logische Zusammenhänge zwischen den Einzelproblemen berücksichtigt.

5.3.2 Bei gering strukturierten Problemen

Für den Fall, daß das Problem erst von der Gruppe selbst konkretisiert werden soll, bieten sich verschiedene Zugangsweisen an, je nachdem, wie gut das Problem bekannt ist.

Einpunkt-Fragen:
dienen zur Problembeleuchtung. Beispiel: „Welche Probleme aus den letzten vier Wochen müssen dringend diskutiert werden?"

Kartenabfragen:
sind zweckmäßig, wenn mit einer großen Bandbreite der Meinungen und Aspekte zu rechnen, Anonymität erwünscht ist oder viele Ideen in kurzer Zeit produziert werden sollen.

Zurufabfragen:
sind geeignet, wenn die Problematik relativ klar ist und nicht zuviele Einzelbeiträge zu erwarten sind, da die „Klumpenbildung" hier schwieriger wäre als nach einer Kartenabfrage.

Im Fall der Karten- und Zurufabfrage muß das erhaltene Material oft verdichtet werden, bevor es bearbeitet werden kann. Hierzu werden zusammengehö-

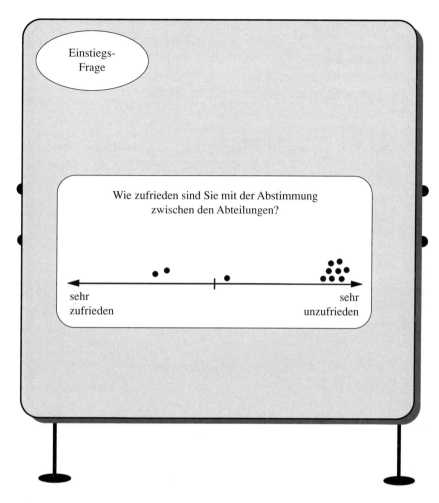

Abbildung 5-13: Der thematische Einstieg erfolgt häufig mit einer Einpunkt-Abfrage.

rende Karten gemeinsam mit der Gruppe zu „Klumpen" geordnet und mit einem Oberbegriff versehen. Dieser Oberbegriff wird anschließend in den Themenspeicher eingetragen. Bei der Zurufabfrage werden zusammenhängende Items „im Kopf" sortiert, und der passende Oberbegriff wird direkt in den Themenspeicher geschrieben. Hat eine Zurufabfrage sehr viele Stichpunkte ergeben, so sollte die Sortierung schriftlich erfolgen, ein etwas umständlicher Zwischenschritt. Wenn viele Antworten zu erwarten sind, empfiehlt sich die Kartenabfrage.

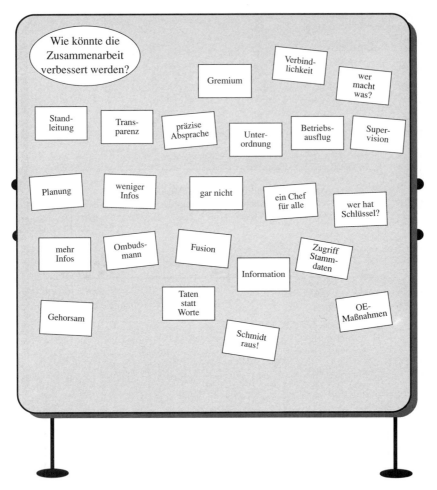

Abbildung 5-14: Zur Erfassung möglichst vieler Aspekte eignet sich die Kartenabfrage am besten.

Nachdem der Themenspeicher erstellt worden ist, wird die Art und Reihenfolge der Behandlung geklärt. Standardmethode ist hierbei die Bewertung der Wichtigkeit durch eine Mehrpunktabfrage (siehe Abschnitt 4.3.1). Nach Auszählung der abgegebenen Punkte werden die Themen dann in der so ermittelten Reihenfolge behandelt. Weitere Fragen, die durch Mehrpunktabfragen beantwortet werden können, sind:

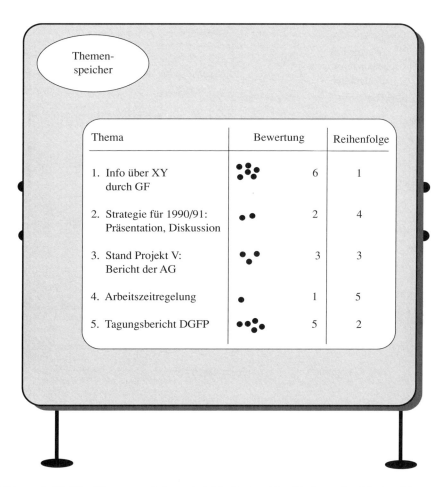

Abbildung 5-15: Ein Themenspeicher wird häufig im Abschluß an eine Kartenabfrage aufgestellt. Sein Layout folgt meist dem hier gezeigten Muster.

– Womit sollten wir beginnen?
– Was ist am dringlichsten?
– Was können wir sofort lösen?
– Wofür müssen wir uns mehr Zeit nehmen?
  (Zwei Farben verwenden)

Die Reihenfolge kann auch durch eine kurze Diskussion festgelegt werden, etwa so, daß unproblematische Themen zuerst behandelt werden, damit der Kopf frei wird für die kontroversen und schwierigen Probleme.

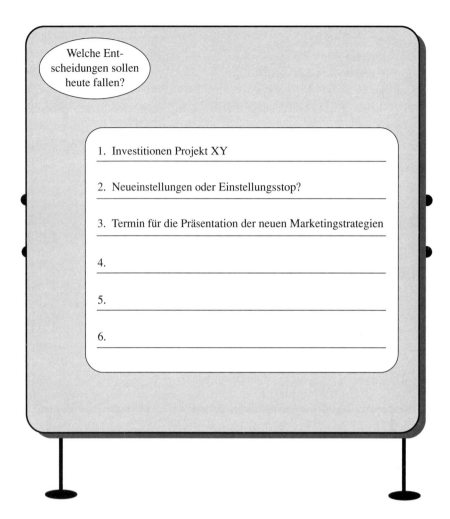

Abbildung 5-16: Zur Zielvereinbarung wird hier eine Zurufabfrage eingesetzt.

Eine weitere Variante ist die direkte Bildung von Kleingruppen zur Bearbeitung einzelner Themen. Sie ist natürlich nur dann geeignet, wenn nicht jeder einzelne an jedem thematischen Aspekt beteiligt ein sollte.

Der Moderator legt (teilweise in Abstimmung mit der Gruppe) das weitere Vorgehen fest. Es kann durchaus sein, daß ein Thema, obwohl von einigen Teilnehmern als weniger wichtig betrachtet, behandelt wird, etwa weil es für eine Minderheit entscheidende Bedeutung hat oder weil es schnell abzuwikkeln ist.

Erst jetzt sollte die eigentliche thematische Arbeit beginnen, nachdem Gruppe und Moderator sich vorbereitet, angeregt und orientiert haben. Lassen Sie sich nicht dazu verleiten, die „vorbereitenden" Schritte auszulassen, auch nicht aus sogenannten sachlichen Gründen heraus ("Wann kommen wir endlich zum Thema?" – „Was soll diese Spielerei?" – „Ich habe noch anderes zu tun!") oder wegen eines angebliche Zeitdrucks. Die gründliche atmosphärische und methodische Vorbereitung von Sitzungen ist zwar in vielen Unternehmen unüblich, aber gerade deswegen laufen viele Besprechungen nicht so sachlich, konstruktiv und ergebnisträchtig ab, wie dies möglich wäre.

5.4 Die Arbeitsphase

Ergebnisse der Orientierungsphase und somit Ausgangspunkt für die Arbeitsphase können sein:

– ein strukturierter Themenspeicher und/oder
– ein vereinbartes Arbeitsprogramm und/oder
– eine aufgeklärte Position der Teilnehmer.

Ziele der Arbeitsgruppe sind

– die konstruktive Auseinandersetzung über das Thema,
– die Nutzung des Vorteils der Gruppe, daß jeder seine Ideen einbringen kann und diese zu einem synergetischen Gesamtprodukt werden läßt,
– die faire Auseinandersetzung der Teilnehmer und
– die Offenlegung aller Schritte innerhalb der Gruppe.

Obwohl sich hier der zentrale Teil der Besprechung abspielt, gibt es gerade dafür keine allgemeinen Steuerungs- und Verhaltensregeln. Vielmehr muß sich in dieser Phase zeigen, ob und inwieweit alle Beteiligten sowohl die Philosophie, die Spielregeln als auch das konkrete Instrumentarium der Moderations-Methode „verinnerlicht" haben.

Zwei spezielle Varianten der Arbeitsphase, die häufig angewandt werden können, wollen wir ein Stück weit präzisieren. Die erste ist ein typischer Problem- oder Konfliktlösungsprozeß, die zweite eine Vorgehensweise bei der kreativen „Ideen"-Suche.

Darüber hinaus werden in zwei Exkursen einige besondere Aspekte der Kleingruppen-Arbeit und der Groß-Moderationen herausgestellt.

5.4.1 Problemlösungs- und Entscheidungsprozesse

Um sachliche oder zwischenmenschliche Probleme und Konflikte kleineren und größeren Ausmaßes in den Griff zu bekommen, ist es durchaus sinnvoll, methodisch vorzugehen. Es ist sicher nicht immer die einzige richtungweisende, nützliche und effektive Möglichkeit, aber sie ist gerade innerhalb moderierter Sitzungen häufig angemessen.

Das Problem-Analyse-Schema „DALLAS" ist im Kern sicherlich einigen anderen allgemein bekannten Vorgehensweisen ähnlich, aber mit einigen spezifischen Ausprägungen, die sich in meiner langjährigen Arbeit mit Gruppen als nützlich erwiesen haben.

Auch wenn Sie sich lieber ganz frei bewegen und Ablaufhilfen in der Moderation eher intuitiv einsetzen, sind die folgende Definition und die zugehörigen Checklisten sinnvoll und hilfreich. Voraussetzung für ein intuitives Steuern ist auch die handwerkliche Beherrschung des Repertoires. Ich selbst greife mitunter gerne darauf zurück – nicht trotz, sondern gerade wegen meiner vieljährigen Erfahrung als Trainer. Immer wieder konnte ich feststellen, daß viele jener Leitfragen es der Gruppe ohne längeres Suchen ermöglicht, einen wichtigen Schritt weiterzukommen.

Die sechs Buchstaben D, A, L, L, A, S bezeichnen den auf den Seiten 157 – 163 dargestellten Ablauf.

*5.4.2 Kreative Such- und Strukturierungsprozesse
       bei Problemlösungsgesprächen*

„DALLAS" – Sie werden es erkannt haben – eignet sich (nomen est omen) eher zur Problem- bzw. zur Konflikt-Analyse und -Auflösung denn als Struktur zur kreativen Lösungssuche. Dafür gibt es nämlich einen anderen methodischen Weg: das „LOVER"-Konzept (Abbildung 5-18, Seite 164).

Wiederum bezeichnen die Buchstaben des Merkwortes die einzelnen Schritte der Arbeitsphasen: Listen, Ordnen, Vervollständigen, Einschätzungen und Resümieren.

Sicherlich ist dieses Konzept nicht das einzig mögliche im Rahmen einer Moderation (von kreativen Techniken im allgemeinen sprechen wir ohnehin nicht). Und es gibt auch einige ähnliche Vorgehensweisen von anderen Auto-

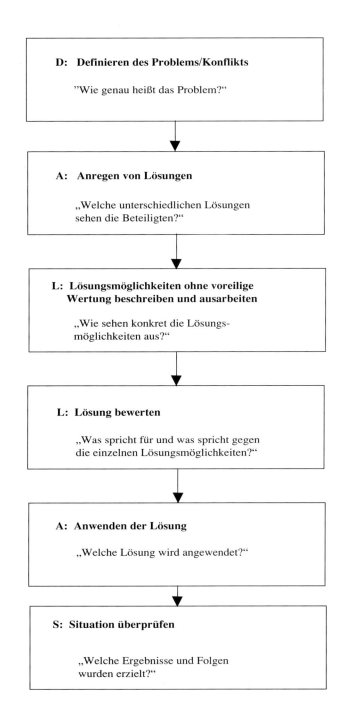

Abbildung 5-17: Phasenschema DALLAS

DALLAS
efinieren des Problems

- Welche Situation liegt vor?
  - Welches Problem liegt vor?
  - Warum tritt es auf?
  - Gibt es verschiedene Sichtweisen?
  - Wie ist die Situation näher zu beschreiben?
  - Gibt es verschiedene Teilaspekte?

- Welche Auswirkungen hat die Situation?
  - Welche sachlichen Auswirkungen hat das Problem?
  - Welche menschlichen Auswirkungen hat das Problem?
  - Wer ist direkt von den Auswirkungen betroffen?
  - Wer ist indirekt daran beteiligt?
  - Welche kurzfristigen und welche langfristigen Folgen sind beobachtbar oder könnten noch eintreten?

- Welche Ursachen haben zur Situation geführt?
  - Wie ist das Problem entstanden?
  - Wodurch ist das Problem entstanden?
  - Wer war warum mit dem Entstehen des Problems verbunden?
  - Gibt es verschiedene Teilursachen?
  - Gibt es Hauptursachen?

Abbildung 5-17: (Fortsetzung)

Abbildung 5-17: (Fortsetzung)

D A L L A S
Lösungsmöglichkeiten

> Wie sehen die Lösungsmöglichkeiten konkret aus?
> - Hat jeder Vorschlagende seine Ideen ohne Beeinträchtigung beschreiben können?
> - Wie sehen die Details der einzelnen Lösungen aus?
> - Wie könnte man die einzelnen Lösungen weiterentwickeln?
> - Wann sind welche Auswirkungen zu erwarten?

Abbildung 5-17: (Fortsetzung)

DALLAS
Lösungsbewertung

- Was spricht für und was gegen die einzelnen Lösungsmöglichkeiten?
- Wo liegen die Gemeinsamkeiten der Lösungsmöglichkeiten?
- Wo liegen die Vorteile der Lösungsmöglichkeiten?
- Wo liegen die Nachteile der Lösungsmöglichkeiten?
- Welche Lösung verspricht den besten Wirkungsgrad?
- Welche Lösung hat die geringste emotionale Belastung zur Folge?
- Welche Lösung findet vermutlich die stärkste Akzeptanz?
- Welche Lösung ist insgesamt die beste?

Abbildung 5-17: (Fortsetzung)

D A L L   S
A
nwendungs-
orientierung

Welche Lösung wird umgesetzt?

– Welche Entscheidungen müssen getroffen werden?
– Welche Termine sind zu berücksichtigen?
– Wie sieht der konkrete Aktionsplan aus?
– Wer tut wann wie was?
– Wer ist zu informieren?
– Wer ist wofür verantwortlich?
– Wer muß noch überzeugt werden?
– Wann setzen wir uns wieder zusammen?

Abbildung 5-17: (Fortsetzung)

D A L L A S ituations-
überprüfung

> Welche Ergebnisse und Folgen treten ein?
> - Was konnte erreicht werden?
> - Stimmen die Folgen mit den Erwartungen überein?
> - Was ist gut, was ist schlecht gelaufen?
> - Gab es erfreuliche oder unerfreuliche Nebenwirkungen?
> - Wo lagen Fehler in der gewählten Lösung und ihrer Umsetzung?
> - Sind durch die gewählten Lösungen neue Probleme entstanden?
> - Wie ist die emotionale Lage der am Problem Beteiligten heute?
> - Was ist jetzt zu tun?
> - Wer muß worüber und wie informiert werden?
> - Wann kontrollieren wir die heute eingeleiteten Maßnahmen?

Abbildung 5-17: (Fortsetzung)

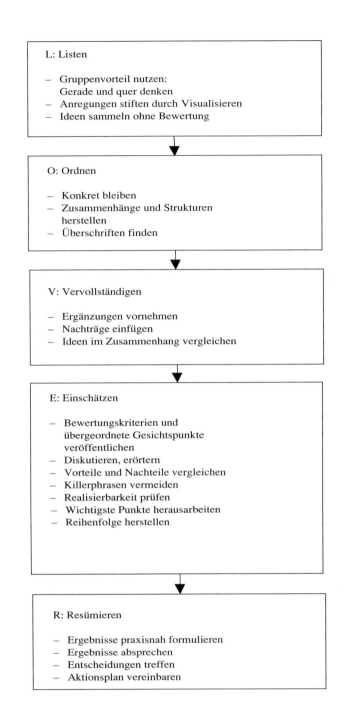

Abbildung 5-18: Phasenschema LOVER

ren. Das hier beschriebene Vorgehen aber hat sich im Laufe vieler Moderationen sehr gut in der vorliegenden Form bewährt. Wir haben es zum Beispiel eingesetzt bei

- Strategiefragen,
- Organisationsfragen,
- Umstrukturierungsdiskussionen,
- Ablaufproblemen,
- der Entwicklung von Konzepten,
- Rohplanungen im Rahmen von Marketing-Strategien,
- schwierigen Fragen im Rahmen von Problemlöse-Workshops,
- der Entwicklung von Personalentwicklungskonzepten oder
- Lösungsfindungen im Rahmen sehr konkreter Organisationsentwicklungs-Prozesse.

In geeigneter Form läßt sich das Vorgehensschema auch sinnvoll als Teil des weitergehenden „DALLAS"-Schemas einsetzen. Insofern kann man sagen, daß das DALLAS-Konzept dem LOVER-Konzept logisch übergeordnet ist.

5.4.3 Exkurs: Kleingruppen-Szenarien

In größeren Gruppen (15-30 Personen) ist bei einer „geordneten" Diskussion der „Kommunikationsumschlag" recht schwerfällig. Man diskutiert nicht mehr genügend differenziert und ausführlich. Oder einige dominierende Redner leisten überbordende Beiträge, während andere Teilnehmer stets schweigen. Einige Gruppenmitglieder bleiben weitgehend ausgeschlossen oder passiv. Bei manchen Beobachtern steigt Unmut auf über die vergeudete Zeit. Manche Teilnehmer würden gerne mit bestimmten Gesprächspartnern die Diskussion vertiefen, wollen dies aber nicht im Plenum tun. Oder es liegen ganz einfach mehrere Fragestellungen vor, die parallel in verschiedenen Kleingruppe bearbeitet werden könnten, um die Ergebnisse spezifischer aufzubereiten und zeitökonomisch besser zu integrieren.

Alle diese Überlegungen führen oft zu dem Schluß, die eigentliche Problembearbeitung kleineren Gruppen zu überlassen, um schließlich diese Ergebnisse zu einer abschließenden Würdigung wieder ins Plenum einer laufenden Veranstaltung zurückzugeben.

Zur Einteilung von Kleingruppen erscheinen mir folgende Aspekte überlegenswert:

- Die Einteilung der Gruppen kann (je nach der Situation) unter mehreren Gesichtspunkten erfolgen, wobei entweder der Moderator selbst oder im Lauf der Zeit die Teilnehmer die Einteilung durchführen können.:
  - Zufall (Abzählen, Losen, Spiele)
  - Funktionen (Bereiche, Ebenen)
  - Sympathie, Beziehungen
  - Interesse (Thema, Vorabinformationen)
  - Kompetenz (Erfahrung, Know-how)
- Die Großgruppe arbeitet in der Regel 30-90 Minuten, die Kleingruppe (4-7 Teilnehmer) arbeitet in der Regel 20-60 Minuten, die Kleinstgruppe (2-3 Teilnehmer) arbeitet in der Regel 10-30 Minuten.
- Bei der Einteilung der Gruppengröße ist auf mehrere Aspekte zu achten:
  - Ungerade besetzte Gruppen tendieren zur Ausbildung von Mehrheiten und Minderheiten. Dabei ist die Dreier-Konstellation oft am problematischsten. Es kann nämlich einer der Teilnehmer ohne Unterstützung bleiben oder er wird gar ausgeschlossen. Bei der Fünfer-Konstellation ergeben sich oft wechselnde Koalitionen ohne große Konfusion, weshalb diese Gruppengröße in der Regel recht produktiv ist.
  - Insgesamt gesehen kann der Vorteil ungerader Gruppengrößen gerade in der latenten (aber maßvollen) Wettbewerbssituation liegen, die eine relativ hohe Dynamik und Zielgerichtetheit des Arbeitens begünstigen kann. Ungünstig kann sich aber der Zeitverbrauch durch Positionskämpfe auswirken.
  - Bei einer geraden Gruppengröße fördert die Zweier-Gruppe oft eine relativ hohe Motivation und Offenheit, die Vierer-Gruppe oft eine relativ hohe Harmonie und Arbeitsintensität.

Um den Problemlöseprozeß der Kleingruppen möglichst effektiv zu gestalten, sind präzise Arbeitsaufträge an die jeweilige Arbeitsgruppe erforderlich. Der Moderator bereitet üblicherweise auf einem Flipchart die Instruktionen so vor, daß die Gruppe eine klare Leitlinie für ihre Diskussion findet. Üblicherweise ergeben sich bei einer rein verbalen Auftragserteilung oft Unklarheiten und Mißverständnisse, die nicht aufgeklärt werden und dann zu unproduktiver Arbeit führen. Und den Gruppenteilnehmern fällt es dann meist nicht schwer, die „Schuld" beim Moderator zu suchen.

Nach der Vergabe von Arbeitsauftrag, Ziel, Präsentationsmodus und Zeitlimit sind die folgenden drei Punkte zu beachten:

- Die Gruppen gehen in ihre Arbeitsräume und arbeiten die Themen aus. Sie bereiten außerdem eine kleine Präsentation der Gruppenergebnisse im Plenum vor.
- Während der Kleingruppenarbeit „kreist" der Moderator zwischen den Gruppen, um gegebenenfalls Fragen zu beantworten und Unterstützung zu geben, um den zielstrebigen Ablauf zu fördern (aber auch, um unbeobachtet seine Zigaretten rauchen zu können). Außerdem muß er auf die Zeiteinhaltung achten und gegebenenfalls neue Zeiten vereinbaren.
- Im Laufe einer Veranstaltung sollten mehrere wechselnde Kleingruppen-Zusammensetzungen vorgenommen werden. Die Ziele hierbei sind: Kontakt, Kennenlernen, besserer Zusammenarbeit mit bestimmten Teilnehmern, Abwechslung.

Später werden im Plenum die Kleingruppen-Ergebnisse in einer begrenzten Zeit nach der vereinbarten Form oder in einer von jeder Gruppe selbst bestimmten Art (Gruppensprecher, Tandem, ganze Gruppe) präsentiert.

Nach allen Kleingruppen-Präsentationen erfolgt eine Diskussion über Inhalt und gegebenenfalls auch über die Darstellung. Inhaltliche Übereinstimmungen und Differenzen werden herausgearbeitet, positive Aspekte werden deutlich herausgestellt.

Am Ende der Präsentationsrunde werden die Arbeitsergebnisse und Diskussionsinhalte zusammengefaßt, und es wird ein Fazit formuliert. Dazu gehören das eindeutige Formulieren der Ergebnisse und Entscheidungen sowie weitere Arbeitsvereinbarungen. Auch die offen gebliebenen Punkte sollten eindeutig markiert werden. Ferner sollte ein Ausblick auf das weitere Vorgehen gegeben und für die Zusammenarbeit gedankt werden.

Ein Punkt erscheint mir erwähnenswert, an dem in der Praxis oft Spannungen entstehen:

Wenn Kleingruppen gearbeitet haben, gibt es bei den Teilnehmern fast immer ein starkes Bedürfnis, die Ergebnisse im Plenum auch präsentieren zu können. Wenn die Bedürfnisse nach Beachtung, Anerkennung und einem sozialen Vergleich (aus welchen Gründen auch immer) nicht genügend „befriedigt" werden, entstehen bei manchen Teilnehmern deutliche Frustrationsgefühle, die häufig mit einer Demotivation oder gar mit Aggressionen einhergehen. Manchmal werden diese Frustrationen nur indirekt oder halblaut im kleinen Kreis in den Pausen geäußert, zuweilen aber werden sie auch in Form von Beschwerden im Plenum direkt geäußert, was zu heiklen Anspannungen in der Gruppe führen kann: „Warum sollen wir etwas arbeiten, wenn es nachher doch nicht zur Kenntnis genommen wird?"

Es ist deshalb wichtig, den Kleingruppen die entsprechende Möglichkeit zu geben, in geeigneter Form und Länge (oder Kürze), ihre Arbeitsergebnisse darzustellen oder wenigstens kurz zu diskutieren. Ein klares Feedback über die Stärken und Schwächen des Präsentierten wird offenbar von den meisten Gruppen erwartet (laut oder nur innerlich), wobei natürlich die Betonung der positiven Aspekte im Vordergrund stehen sollte. Aber auch die Erwähnung der kritischen oder weniger guten Teile sollte mit großer Selbstverständlichkeit und ohne persönliche Abwertung vorgenommen werden. Denn sonst läuft man Gefahr, daß die späteren Arbeiten schnell nach einem niedrigen Qualitätsstandard ausgeführt werden. Dabei geht es keinesfalls um das peinliche Vorführen von Mitarbeitern oder Kollegen vor dem Plenum, sondern um die selbstverständliche und im Prinzip wohlwollende Kritik, die deutlich macht, inwieweit die Arbeitsergebnisse der beteiligten im Zielkorridor liegen oder inwiefern sie sogar einen auch anders motivierend positiven Ergebnisbeitrag darstellen.

Andererseits darf man dabei nicht verkennen, daß dieses Vorgehen leicht auch zu anderen Schwierigkeiten führen kann, von den kritischen Spannungen, die sich durch das Feedback ergeben können, einmal abgesehen.

Jeder erfahrene Moderator oder Besprechungsteilnehmer weiß, wie schnell vereinbarte Präsentations- und Diskussionszeiten überzogen werden und anschließend der ganze Zeitplan der Veranstaltung durcheinandergerät. Die Erläuterungs- und Selbstdarstellungsbedürfnisse oder einfach das mangelnde Zeitgefühl oder die mangelnde Zeitdisziplin der Betreffenden führen ja trotz aller Ankündigungen immer zu Zeitveränderungen, die wiederum zur Improvisation oder zum verkürzten Behandeln eigentlich vorgesehener Tagesordnungspunkte zwingen. Also muß der Moderator eine situationsgerechte Balance zwischen inhaltlicher Präsentation, Diskussion und den Selbstdarstellungs- und Feedback-Bedürfnissen einerseits und den Tagesordnungs-Erfordernissen andererseits finden. Dabei sollte er auch nicht den Ermüdungs- und Langeweile-Effekt übersehen, die leicht dann entstehen können, wenn Themen von Spezialisten akribisch und „ohne Rücksicht" auf die Zuhörer überfordernd vorgetragen werden.

Alle Wiederholungen tragen nicht nur die Chance der Vertiefung, sondern vor allem das Problem der Verlangsamung in sich, worauf einige Teilnehmer zuweilen nicht mit Rücksicht, sondern mit Ungeduld reagieren. Deshalb ist es wohl ratsam, die Kleingruppenpräsentationen zuhöreradäquat zu dosieren oder bei Präsentationen von gleichen oder ähnliche Inhalten die Darstellungsform so zu wählen, daß nur ein relativ geringer Wiederholungseffekt entsteht.

5.4.4 Großgruppen-Moderation

Die Anlässe für Groß-Moderationen häufen sich: Umorganisationen in bestehenden Unternehmen werden vorgenommen, Firmen schließen sich formal juristisch zusammen, doch die Kommunikation zwischen ihnen „klemmt an allen Ecken und Enden". Partnerschaft und Kooperation müssen erst eingeübt, neue Informationswege müssen gebahnt und erprobt werden. Kleine Seminareinheiten sind dafür manchmal nicht nur unwirtschaftlich, sondern laufen u.U. auch allzu leicht in verschiedene Verständnis- und Umsetzungs-Richtungen auseinander. Zumindest verlangen wichtige Maßnahmen zur Weiterentwicklung in Richtung einer einheitlichen und wirkungsstarken Unternehmenskultur gelegentlich nach Gemeinsamkeit stiftenden Groß-Veranstaltungen, die kaum noch ohne eine entsprechende Moderation auskommen.

Große Führungstreffen mit 200 und mehr Teilnehmern sind, *„wenn sorgfältig vorbereitet und professionell durchgeführt, nützliche und noch viel zu selten eingesetzte Instrumente der Vermittlung von Corporate Identity, der Motivation der Führungsmannschaft und Einschwörung auf mittel- wie langfristige unternehmerische Zielsetzungen."*[17]

Die zentrale (triviale, aber nicht banale) Problematik der Groß-Moderation ist dann aber die Gruppengröße. Mit ihr wächst die zu verarbeitende Informationsmenge in thematischer, sprachlicher und methodischer Hinsicht. Dies hat wiederum zur Folge, daß die Beherrschbarkeit und Entscheidbarkeit eines Themas mit der Gruppengröße tendenziell abnimmt.

Gegensteuern kann man allerdings mit einer vorstrukturierenden Einschränkung des Themas und mit seiner Zerlegung in Teilprobleme, die dann wiederum von kleineren Arbeitskreisen bewältigt werden können, deren Ergebnisse gegebenenfalls wieder ins Plenum der Veranstaltung zurückgespielt werden.

Entscheidend ist dabei die Präzision der inhaltlichen und technischen Vorbereitung und des methodischen Konzepts, also die Beantwortung der Fragen „Was?", „Womit?" und „Wie?" in der Vorbereitungsphase.

Ein bekanntes Beispiel für ein passendes Vorgehen ist der sogenannte Informationsmarkt: *„Er mobilisiert die Teilnehmer an mehreren Ständen gleichzeitig, an denen vorbereitete Schwerpunktthemen dargestellt und mit Hilfe von sorgfältig als Gesprächsmoderatoren trainierten Mitarbeitern diskutiert und weitergedacht werden."*[18]

Der Informationsmarkt[19] ist nichts anderes als eine institutionalisierte Form der Kommunikation aller mit allen. Er folgt drei Prinzipien, die bei der teilnehmerorientierten Großveranstaltungen gelten:

– Alle Teilnehmer sollen intensiv mitarbeiten können.
– Die Themen sollen alle Teilnehmer berühren.
– Vorbereitung, Durchführung und Nachbereitung finden durch die Teilnehmer statt.

Schnelle erklärt den steigenden Bedarf nach Informationsmärkten mit drei Ursachen[20]:

– Unterschiedliche Grade von Identifikation bzw. Entfremdung bei den Mitarbeitern eines Unternehmens. Im Informationsmarkt kann ein gleichmäßiges hohes Identifikations-Niveau (wieder-) hergestellt werden.
– Weitgehende Trennung von Sach- und Beziehungsebene im Arbeitsalltag. Der Informationsmarkt dient der Reintegration des Was und des Wie.
– Zunehmende Komplexität der Aufgaben. Der Informationsmarkt ist in der Lage, komplexe Zusammenhänge zu verarbeiten.

Zielgruppe sind im Prinzip alle Organisationsmitglieder, die mit dem Thema etwas zu tun haben, unabhängig davon, ob sie mit den gegebenen Verhältnissen zufrieden sind, sich für überdurchschnittlich engagiert halten oder eher auf eine Verminderung ihres Einsatzes hinarbeiten.

Im Vorfeld eines Informationsmarktes sind im wesentlichen drei Fragen zu beantworten: Wie wird die Massenkommunikation kanalisiert? Wie wird sie geregelt? Welche Dramaturgie kennzeichnet sie?

Kommunikationskanäle sind, wie auf einem Marktplatz üblich, sogenannte Stände. An diesen Ständen werden Informationen angeboten, nachgefragt und getauscht. Es gibt eine Reihe verschiedener Standtypen, die sich nach drei Kriterien unterscheiden:

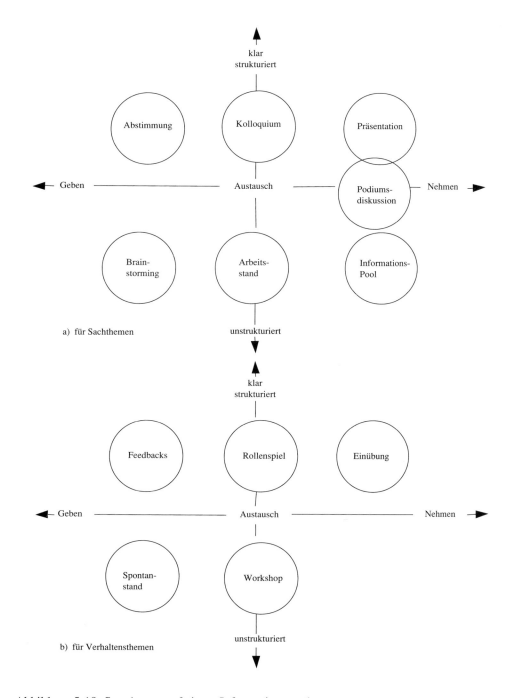

Abbildung 5-19: Standtypen auf einem Informationsmarkt

- nach der Art des dort behandelten Themas (Sach-, Beziehungsebene),
- nach der Klarheit des behandelten Themas (unstrukturiert, durchstrukturiert) und
- nach dem Interaktionsgrad der Teilnehmer (reines Geben, Austausch, reines Nehmen)

Abbildung 5-19 zeigt die in einem solchen Raster möglichen Stand-Typen.

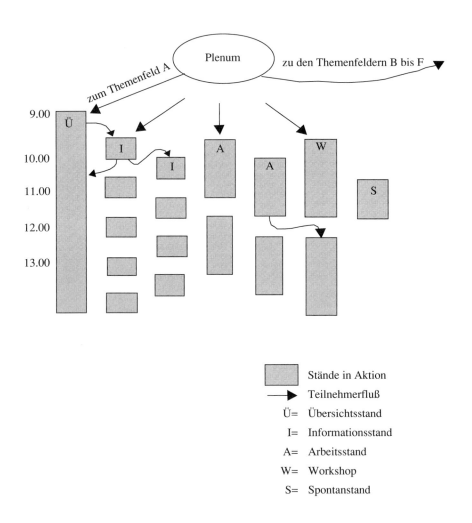

Abbildung 5-20: Zeitablauf eines Informationsmarktes
Quelle: Schnelle, E., Der Informationsmarkt, Quickborn, 1981, S. 47

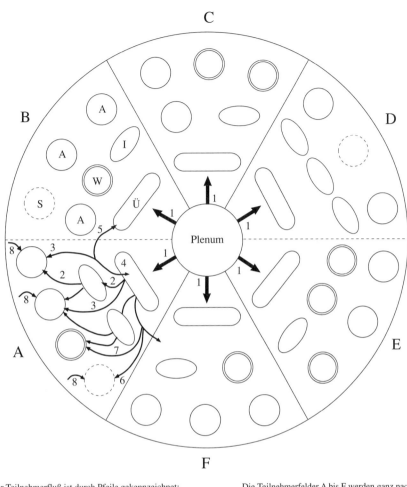

Abbildung 5-21: Topographische Marktdarstellung
Quelle: Schnelle, E., Der Informationsmarkt, Quickborn, 1981, S. 47

Alle aus der Moderations-Methode bekannten Medien kommen in Frage, darüber hinaus gewinnen dramatische Gestaltungselemente, wie Theater, Videoaufzeichnung oder Talk-Shows an Bedeutung.

Sowohl der Informationsmarkt als Ganzes als auch das jeweilige Geschehen an den Ständen haben ihre eigene Dramaturgie.

„Alle Teilnehmer werden in einer Eröffnungsveranstaltung mit dem Motto und dem Medium 'Dies hier ist ein Informationsmarkt' vertraut gemacht. (...) Es kommt darauf an, die vorhandene Bereitschaft der Teilnehmer (...) aufzugreifen und eine Botschaft zu übermitteln. (...) Sie müssen verstandesmäßig und gefühlsmäßig angesprochen werden." [21]

Derart in Bewegung gesetzt, werden die Teilnehmer eine Erkundungsphase durchlaufen, und zwar im Sinne des Wortes: sie wandern zwischen den Ständen umher, zuerst an Übersichts- und Informationsständen, um sich dann für einen Arbeitsstand zu entscheiden, an dem sie länger verweilen. Die Topographie eines Informationsmarktes richtet sich nach seiner Dramaturgie. Abbildung 5-20 zeigt ein Beispiel für die zeitliche Gestaltung, Abbildung 5-21 eines für die räumliche Aufteilung eines Informationsmarktes.

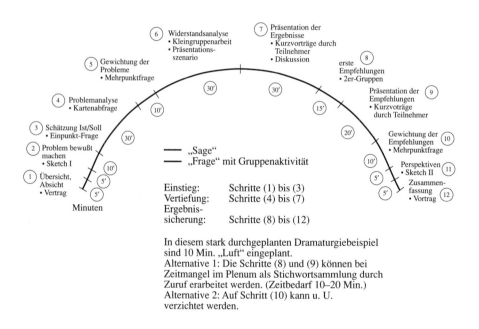

Abbildung 5-22: Beispiel für eine Stand-Dramarturgie von 180 Minuten Dauer
Quelle: Schnellborn, E., Der Informationsmarkt, Quickborn, 1981, S. 35

Die „Betätigung" an einem Arbeitsstand folgt wiederum einer eigenen Dramaturgie, die dem Thema und dem zu erwartenden Teilnehmerverhalten angemessen sein muß. Abbildung 5-22 gibt ein Beispiel.

Die Vorteile des Informationsmarktes gegenüber herkömmlichen Großveranstaltungen auf betrieblicher Ebene sind Handlungsorientierung, Effizienz und Transparenz. Das sind gerade die Ansprüche, die auch die Moderations-Methode einlösen will.

Ähnlich strukturiert wie der Informationsmarkt ist die Institution des Dialog-Nachmittags, bei dem eine begrenzte Anzahl wohlvorbereiteter Workshops angeboten wird. *„Schon in der Vorbereitungsphase wurden für jeden Workshop-Block Vorstandsmitglieder als 'Schirmherren' benannt, die zusammen mit dem 'Moderator', einem Führungskreisvertreter und einer kleinen Hilfsgruppe ein Team bildeten. Das Team stellte Thesen zusammen, bereitete die Diskussion vor und verschickte vorab Materialien an die Teilnehmer."*[22]

„Freilich finden selbst diese effektiven Formen der Kommunikation ihre Grenzen dort, wo Sachfragen durch betriebliche Konflikte überlagert oder gar tabuisiert sind." [23]

5.5 Verabschiedung

Am Schluß eines Moderationsprozesses steht die Aktionsorientierung. Mit derselben Eindeutigkeit, die die bisherigen Arbeitsschritte charakterisierten, sollten nun auch die Arbeitsergebnisse visualisiert werden.

Da die Ergebnisse, die festgeschrieben werden, aus der Arbeit aller Beteiligten heraus entstanden sind, kann eine hohe Akzeptanz, eine hohe Motivation zur Durchsetzung und Einhaltung, sowie ein hoher Behaltensgrad erwartet werden.

Um das Ergebnis und seine Folgen sicherzustellen, bedient sich der Moderator wieder einiger Techniken, zum Beispiel eines Tätigkeitskatalogs, eines Verhaltenskatalogs, einer Offene-Fragen-Liste oder des Tagesordnungsvorschlags für das nächste Treffen.

- Tätigkeitskatalog
  Der Tätigkeitenkatalog dient dazu, die Umsetzung der Ergebnisse zu sichern. Mit ihm verpflichten sich die Teilnehmer sozusagen, den Lösungen und Beschlüssen auch wirklich Taten folgen zu lassen. Die Eintragungen in

den Katalog müssen daher möglichst konkret und überschaubar sein: In der WER-Spalte werden diejenigen Teilnehmer eingetragen, die jeweils Verantwortung für die Durchführung übernehmen. Kann die Aufgabe nur von einem Nicht-Anwesenden gelöst werden, so muß (zumindest) ein Teilnehmer für die Vermittlung sorgen. Entsprechend werden die weiteren Spalten ausgefüllt: Was?, Wie?, Bis wann?, Infos an wen?

- Der Verhaltenskatalog
  Wenn das Thema der Moderation eher auf der Beziehungs- und Verhaltensebene lag, ist ein konkreter aufgabenbezogener Tätigkeitskatalog kaum zu realisieren. Durch den Verhaltenskatalog werden die Kernpunkte der Sitzung nochmals dargestellt und die Teilnehmer verpflichten sich selbst, die Vorschläge und künftigen Spielregeln auch einzuhalten. Darüber hinaus formuliert jeder Teilnehmer individuelle Ziele und Vorsätze, die er erreichen und einhalten möchte. Dies kann privat (auf einem eigenen Blatt Papier) oder „gruppen-öffentlich" mit Hilfe persönlicher Flipcharts geschehen.

- Offene Fragen
  Es gehört zur Moderations-Methode, daß ungeklärte Probleme nicht vergessen werden oder unter den Tisch fallen, sondern angesprochen werden. Dazu gehören Teile des Themenspeichers, die nicht mehr behandelt werden konnten, aber auch Fragen, die in der Gruppenarbeit zu kurz gekommen oder erst später aufgetaucht sind.

  Unerledigte Items des Themenspeichers werden direkt übertragen (die entsprechenden Karten werden auf ein anderes Pinboard geheftet). Weitere offene Fragen werden via Zurufabfrage dazugenommen. Anschließend werden die Fragen nochmals durchgegangen und in einer kurzen Diskussion Antworten gesucht. Meist können nicht mehr alle Fragen geklärt werden, aber es ist wichtig, sich zumindest an die Existenz der Probleme zu erinnern, um sich weitere Gedanken zu machen, wie die Probleme gelöst werden könnten.

- Tagesordnung des nächsten Treffens
  Bei regelmäßig stattfindenden Veranstaltungen können ungeklärte Probleme gleich auf die Tagesordnung der nächsten Besprechung gesetzt werden. Auch Resultate des Tätigkeitskatalogs (Präsentationen, Reaktionen) sind dabei gleich einzuplanen. Sinnvollerweise wird die Tagesordnung kurz vor

dem nächsten Treffen aktualisiert, zu Beginn der Sitzung nochmals kurz überprüft und gegebenenfalls verändert, um dem letzten Stand der Dinge Rechnung zu tragen.

- Gruppenfeedback
Am Ende von moderierten Sitzungen ist es üblich, ein kurzes Feedback der Teilnehmer über ihre Zufriedenheit mit dem Arbeitsergebnis und mit dem Verlauf des Gruppenprozesses zu veröffentlichen. Ob dies in Form von verbalen Statements oder in Form von Punktabfragen oder anders stattfindet, das ist situationsabhängig. Wichtig ist in jedem Falle die Transparenz der Teilnehmer-Einschätzungen auf der Sach- und auf der Beziehungsebene.

Das Gruppenfeedback dient der Motivation, der weiteren Herausbildung von Spielregeln und der Klärung der künftigen Perspektiven, Möglichkeiten und Schwierigkeiten. Es dokumentiert am Ende der Arbeit die Aspekte Gemeinsamkeit, Offenheit und Vertrauen, die zu einer effektiven Zusammenarbeit gehören.

5.6 Nachbereitung

Ebenso wichtig wie die Vorbereitung moderierter Arbeitstreffen ist ihre Nachbereitung: um Lernprozesse beim Moderator in Gang oder fortzusetzen, um die nächste Sitzung sinnvoll vorbereiten zu können oder um ein Protokoll für die Teilnehmer zu erstellen. Noch einmal werden somit Transparenz, Demokratie, Effizienz und Handlungsorientierung umgesetzt.

Noch einmal werden somit Transparenz, Demokratie, Effizienz und Handlungsorientierung umgesetzt.

5.6.1 Dokumentation

Da die Moderationsmethode stark mit der Visualisierung arbeitet, dokumentieren sich Ablauf und Ergebnisse einer Sitzung gewissermaßen selbst. Zur Nachbereitung gehört die formale Aufgabe, die Informationen auf einen ablage- und transportfähigeren Träger zu speichern, als es Flipcharts und Pinboards üblicherweise sind.

Abfotografieren ist eine naheliegende, aber nur auf den ersten Blick unaufwendige Methode. Erstens muß nämlich auf die Qualität der Wiedergabe geachtet werden (feinkörniger Film, indirekter Blitz, genau eine Pinwand oder ein Flipchart pro Aufnahme), zweitens bedürfen die Bilder oft noch ergänzender Kommentare, damit der Betrachter die Sitzung auch tatsächlich nachvollziehen kann. Der Vorzug liegt in der stärkeren Vermittlung von Originalabläufen, was zum „Erschnuppern" der Arbeitsatmosphäre recht nützlich sein kann.

Abschreiben ist eine andere Möglichkeit, die auch als Gruppenaufgabe am Ende der Sitzung durchgeführt werden kann. Auch dabei ist eine zusätzliche Kommentierung sinnvoll. Oder die Dokumentation wird schon von vornherein einem Protokollanten übertragen, der auch die entsprechende Nachbereitung vervollständigt.

5.6.2 Analyse der Ergebnisse

Nach der Reflexion des Ergebnisses und des Prozesses im Rahmen des gemeinsamen Feedbacks am Ende der Sitzung ist es nützlich, sich als Moderator in der zusätzlichen Nachbereitung noch einmal rückblickend ein paar Fragen zu stellen (siehe die Abbildungen 5-23 – 5-25).

- Welche Sachergebnisse kamen zustande?
- War allen Beteiligten die Zielsetzung klar?
- Wurden Folge-Vereinbarungen getroffen?
- Wurde der Zeitrahmen eingehalten? Wenn nein – warum nicht?
- Wurde der rote Faden gehalten? Blieben Gruppe und Moderator im Rahmen der gestellten Aufgabe bzw. des vereinbarten Zieles? Wenn nein – warum nicht?
- Was könnte das nächste Mal besser gemacht werden?

Abbildung 5-23: Nach einer gemeinsam moderierten Sitzung analysieren die beiden Moderatoren die zustandegekommenen Sachergebnisse.

- Wie war das Gruppenklima?
- Wie gingen die Beteiligten miteinander um?
- Wurden die Meinungen aller gehört?
- Waren die Teilnehmer kompromißbereit?
- Konnte ein Konsens erreicht werden?
- Inwieweit wurden destruktive Spiele gespielt?
- Wurde offen und ohne Druck über Bedenken und kritische Überlegungen gesprochen?
- Inwieweit waren die Teilnehmer am Zustandekommen von Ergebnissen interessiert?
- Wie ging die Mehrheit mit der Minderheit um?
- Wie viele Teilnehmer konnten sich mit dem Ergebnis identifizieren?
- Inwieweit war die Diskussion entspannt?
- Inwieweit herrschte eine klare und allgemein akzeptierte Aufgaben- und Rollenverteilung?
- Inwieweit wurden Machtkämpfe offen oder versteckt ausgetragen?
- Was könnte das nächste Mal besser gemacht werden?

Abbildung 5-24: Ebenso wichtig wie die Analyse der Sachergebnisse ist die Analyse des Gruppenprozesses.

- Hielt der Moderator die Gruppe im Zielkorridor?
- Wie ging der Moderator mit Angriffen und Infragestellungen um?
- War der Moderator direktiv oder gar autoritär oder verhielt er sich eher kooperativ?
- Inwieweit war der Moderator Dolmetscher? Inwieweit war er Vermittler?
- Inwieweit griff der Moderator wertend in den Prozeß ein?
- Hätte der Moderator Unterstützung benötigt oder gewünscht? Wenn ja, von wem und wie?
- Was könnte er das nächste Mal besser machen?

Abbildung 5.25: Schließlich nimmt der gewissenhafte Moderator auch eine Analyse seiner Selbststeuerung vor.

6. Praktische Anwendung: Beispiele erfolgreicher Moderationen

Grau ist bekanntlich alle Theorie, und wenn Sie jetzt nach der Lektüre von fünf Kapiteln „Themenspeicher" und „Tagesordnung" oder „Flipchart", „Pinboard" und „Handout" durcheinanderwerfen, so lassen Sie sich nicht entmutigen.

Gerade ein so handlungsorientiertes Thema wie Moderation ist in einem Buch nur begrenzt vermittelbar, auch wenn es zur Orientierung des Moderators in dem schwer überschaubaren Terrain zwischen sachlichem Inhalt, gruppendynamischen Abläufen, Machtspielen, Kommunikationsregeln, Pinboards, Tischen und Stühlen eine notwendige Hilfe darstellt. Mit anderen Worten: Hinreichend für eine solide Moderationspraxis ist erst die Kombination von Orientierungsvermögen und Handlungspraxis. Und letztere können Sie sich nur selbst durch häufiges Tun aneignen.

Einen letzten Schritt können wir jedoch noch gemeinsam tun, indem ich Ihnen drei Beispiele erfolgreich durchgeführter Moderationen beschreibe. Sie stammen aus drei unterschiedlichen Anwendungsgebieten.

Zunächst lesen Sie etwas über den Trainingsalltag in der Ausbildung von Moderatoren, die natürlich selbst auch in moderierter Form stattfinden kann. Es folgt ein Beispiel zur Klärung einer Krisensituation in der Führungsspitze eines Unternehmens. Die Moderation einer Lehrveranstaltung schließt den kurzen Streifzug durch die Praxis ab.

6.1 Moderation eines Moderationstrainings

Grundlage der folgenden Dokumentation sind die authentischen Teilnehmerprotokolle der ersten Bausteine eines mehrstufigen BMW-Führungskollegs im Jahr 1990, an dem 15 mittlere Führungskräfte (Abteilungsleiter) teilnahmen.

Auf nachträgliche Kommentare und Bewertungen wird in der Darstellung verzichtet: Die Protokolle geben abschnittsweise den erlebten Verlauf eines insgesamt dreitägigen Moderationstrainings wieder.

1. Tag	Block 1

11.00 Uhr – 15.00 Uhr

0. Begrüßung, Ablaufplan

1. Begegnung auf dem „Marktplatz"

   Vier Stationen, jeweils mehrminütiger Dialog zwischen den sich ergebenden Teilnehmerpaaren zu den Themen:
   – „Die Zeit zwischen Aufstehen und Arbeitsplatz",
   – „Probleme der Kindererziehung",
   – „Die zwei schwierigsten Führungssituationen am Arbeitsplatz" und
   – „In welcher Umgebung lernt man am besten?".

   Ziele der Begegnung: Warming up, Kennenlernen, Gesprächsbereitschaft fördern.

2. Persönliche Vorstellung über Flipchart

   Themen:
   – Interessantes/Uninteressantes im Beruf,
   – die zwei interessantesten Bücher, die man in den letzten sechs Monaten las,
   – fünf charakteristische Merkmale aus der Sicht eines „Kritikers".

   Ziel der Vorstellung: sich einen ersten Eindruck von den anderen Teilnehmern machen.

3. Präsentation

Vom Seminarleiter, Herrn Böning, wird das handlungsorientierte Rollenkonzept für den Bereich „Führung" als Teil der Führungskultur bei BMW vorgestellt. Es handelt sich um die folgenden Rollen, nach denen die Führungskräfte bei BMW ihr Handeln ausrichten sollen: Integrator, Spielmacher, Fachmann und Moderator.

Ziele der Präsentation sind Orientierung und Hinführung zum Thema.

Der Integrator
– soll Mitarbeiter führen und weiterentwickeln,
– soll Teams steuern,
– soll Konflikte und Interessenunterschiede im Unternehmen ausgleichen,
– steuert das Verhalten im direkten Kontakt zu Mitarbeitern.

Der Spielmacher
– soll Ideen und Projekte umsetzen und dafür Partner gewinnen,
– zielt auf Abläufe innerhalb einer komplexen Situation in der Organisation (Umgang mit Macht und Umsetzung und Weiterentwicklung der Unternehmenskultur),
– zielt auf Verhalten im Zusammenhang mit Systemen.

Der Fachmann
– setzt Sachkompetenz voraus,
– soll als Führungsfachmann die Arbeit effektiv und effizient erledigen,
– achtet deshalb auf gutes Zeit- und Selbstmanagement.

Der Moderator:
– soll Besprechungen und Diskussionen von Arbeitsergebnissen effektiv und kooperativ leiten,
– soll gruppendynamische Aspekte beachten,
– soll Gruppen steuern können.

1. Tag	Block 2

15.00 Uhr bis 19.00 Uhr

1. Kleinstgruppenarbeit (45 Min.)

Arbeit in wechselnden Kleinstgruppen (je 2 Teilnehmer und je 10 Minuten) zu den Themen:
1. Welchen Eindruck möchte ich in einer neuen Gruppe machen und wie stelle ich das an?
2. Welche Stärken und Schwächen habe ich im Umgang mit Gruppen?
3. Welche schwierigen Erfahrungen habe ich mit Besprechungssituationen gemacht?
   a) In welchen Situationen?
   b) Was haben diese gefühlsmäßig in mir ausgelöst?
   c) Welche Konsequenzen habe ich verhaltensmäßig daraus abgeleitet?

Die Ergebnisse werden während des Dialogs vom jeweiligen Gesprächspartner dokumentiert mit dem Ziel, Stärken und Schwächen im offenen Austausch zu erläutern. Analyse und Verwertung dieser Angaben sind zu diesem Zeitpunkt noch offen.

2. Arbeit in Kleingruppen (105 Min.)

Drei Gruppen mit je vier Teilnehmern arbeiten 20 Minuten lang. Ihre Aufgabe ist, die Anfangseindrücke über die anderen Kleingruppenmitglieder beim derzeitigen Stand festzuhalten.

In den Gruppendiskussionen spricht jeder „gegen" jeden, wobei die einzelnen Teilnehmer die gesammelten Eindrücke über sich selbst dokumentieren. Die Stimmung ist angenehm und locker.

Als Zwischenspiel Gymnastik mit Einzelvorstellungen einzelner Teilnehmer.

Es folgt eine 45-minütige Arbeit in drei Gruppen zum Thema „Moderation" mit den Schwerpunkten „Definition der Moderation" und „Visualisierung und Präsentation".

Diese Aufgabenstellung ist für alle Gruppen gleich. Unterschiedlich sind die zur Verfügung stehenden Medien: Gruppe 1 arbeitet mit Pinboard, Gruppe 2 mit Folien und Gruppe 3 mit Flipchart. Die Ausarbeitung soll die Möglichkeit geben, eine uninformierte Mitarbeitergruppe zu unterweisen.

Die Stimmung in den einzelnen Teams wird als locker, bemüht, zuversichtlich (Gruppe 1), geschäftig, unter Zeitdruck (Gruppe 2) und gestreßt, genervt (Gruppe 3) bezeichnet.

3. Rollenspiel: Moderation durch einen ausgesuchten Teilnehmer (90 Min.)

Aufgabe: Gleichen Kenntnisstand der Teilnehmer zum Thema Moderation absichern

Handlungshinweis für die übrigen Teilnehmer: Reagieren nach den Gefühlen, die gerade während des Ablaufs entstehen.

Ablauf:
– Einleitung zum Thema durch den „Moderator" und Zielsetzung: Antwort auf die Frage „Warum Moderation?".
– Versuch der Definition von Moderation mit heftiger Diskussion um den Begriff „Steuerung" von Gruppenprozessen. Dieser wird schließlich ersetzt durch „Koordination".
– Themensammlung an der Pinnwand.

Die inhaltliche Diskussion wird ohne ausreichendes Ergebnis abgebrochen zugunsten der Prozeßanalyse des Rollenspiels.

Erkannte Probleme im Ablauf:
– Bewerten und Abwerten durch den Moderator oder Teilnehmer.
– Unklare Zieldefinition. Dieser Prozeß sollte notfalls in die Gruppe verlagert werden.
– Bevormundung. Mehr Einsatz von Instrumenten und Alternativen beim Vorgehen sind sinnvoll.
– Neigung von Moderatoren, selbst zu arbeiten, wenn Druck kommt.
– Emotionale Einstimmung.
– Autorität und autoritäres Verhalten. Ein kooperativer Umgang mit der Gruppe wird gefordert.
– Begriffsabgrenzung zu Moderation im Fernsehen.

2. Tag   Block 3

9.00 Uhr – 12.45 Uhr

Rückblick durch den Seminarleiter auf offene Punkte vom Vortag, Erläuterung zum Zeigarnik-Effekt („Offene Punkte bleiben länger präsent").

1. Moderations-Stegreif (60 Min.)

Fragen an die Gesamtgruppe: Wie gehen Sie vor, um die Gruppe an den gestrigen Inhalt anzuschließen? Wie setzen wir den gestrigen Tag fort? Wie bringen wir die Inhalte zusammen?

Der Moderator wird aus der Mitte der Teilnehmer bestimmt. Er greift die Kleinstgruppenarbeit zu Stärken und Schwächen der einzelnen in Gruppen auf und stellt die Eingangsfragen: Weshalb war das notwendig? Glauben Sie, daß Sie damit etwas anfangen können? Was haben Sie daraus an Gewinn gezogen?

Antworten:
- Die Dinge sollten noch mal analysiert werden.
- Ich will ein Feedback von der Gruppe.
- Die Zielsetzung ist in drei Tagen nicht abarbeitbar.
- Wo sind wir?
- Was ist offen geblieben von gestern?

Der Moderator gerät in einen Dialog. Er möchte systematisch vorgehen, bleibt äußerlich ruhig, sitzt vor der Gruppe, wirkt aber innerlich unsicher. Er versucht durch Belehrungen die Führung zu behalten.
Die Zielsetzung ist offensichtlich nicht allen Teilnehmern klar. Ohne Zielsetzung ist aber auch keine Gruppensteuerung möglich. Infolgedessen wird die Diskussion wirr und bleibt ohne Ergebnis.
Der Moderator bricht die Diskussion schließlich ab und fordert eine der drei Kleingruppen auf, ihre Arbeit zum Thema Moderation zu präsentieren.

2. Präsentation der Kleingruppenarbeit (45 Min.)

Die Arbeitsgruppen stellen je 15 Minuten lang ihre Ergebnisse mit Hilfe der ihnen zugewiesenen Medien vor.
Anschließend beginnt erneut die Diskussion der offenen Fragen des Vorabends. Noch immer ist die Zielvorstellung ungenau.

3. Rückmeldungen zum Stegreif (30 Min.)

Der „Moderator" sieht sein Ziel nicht erreicht. Er wollte einen Rückblick auf gestern und zum Schluß das Rollenspiel vom Vorabend aufgreifen. Er fühlte sich massiv erpreßt und mißverstanden.
Die Gesprächsteilnehmer finden die Ruhe des Moderators teils gut (beruhigend), teils schlecht (teilnahmslos). Einige bemängeln den Verlust des roten Fadens und das Ausklammern unangenehmer Themen. Auch das zu starke Einbringen der Meinung des Moderators sei problematisch. Schließlich wird bemängelt, daß er die meiste Zeit über auf seinem Stuhl sitzengeblieben ist.
Der Seminarleiter kommentiert: Der Moderator muß mehr auf die Erwartungen der Gruppe eingehen und visualisieren. Leitfragen sind dabei: „Wo sind

wir?" und „Worüber sprechen wir?". Wichtig ist die Balance zwischen dem, was die Gruppe will und dem, was der Moderator will. Wenn die Diskussion chaotisch wird oder steckenbleibt, ist es wichtig, diesen Frust in der Gruppe austragen zu lassen. Nur so sind die Gruppenprozesse zu erkennen. Für den Moderator sind dabei Selbstsicherheit und Autorität zwingend. Bewertungen und Abwertungen durch den Moderator kommen irgendwann wieder zurück. Deshalb Vorsicht: Gerade in kontroversen Situationen gilt die Regel, persönliche Infragestellungen absolut zu überhören. Zurückzuschlagen wäre der erste Schritt zum Verlust der Autorität.

4. Rückmeldungen zu den Präsentationen (45 Min.)

Zu Pinboards:
– Der Moderator soll nicht weiter aktiv bleiben bei Aufbau oder Umbau der „Technik".
– Eine Systematik ist schwer erkennbar.
– Zu viele Infos auf einer Pinnwand, insgesamt unübersichtlich.
– Wenige prägnante Infos waren vorhanden.
– Überschriften und Themen wurden nicht klar und gut lesbar herausgestellt.
– Lesbarkeit der Schrift war eingeschränkt.

Zu Flipcharts:
– Das Medium ist generell nicht für alle Arten von Präsentationen optimal geeignet (Platzproblem, Umblättern, Gesamtzusammenhang kann verlorengehen).
– Es eignet sich mehr für Entscheidungsphase und zur simultanen Dokumentation.
– Schrift ist zum Teil unleserlich.
– Optisches Gesamterscheinungsbild ist nicht immer ansprechend.

Zu Overheadfolien:
– Keine dünnen und zu hellen Folien verwenden.
– Übersichtlichkeit geht verloren bei mehr als 7 (maximal. 10) Zeilen pro Folie.
– Sämtliche Hilfsmittel (Stifte, Hocker) sollten vor Vortragsbeginn bereitstehen.
– Folien nicht nur ablesen, da Folien nur ein „Erinnerungs- und Aufmerksamkeits-Skelett" darstellen sollen.

- Folien sollen nur prägnante Punkte enthalten, die jedoch einer mündlichen Erläuterung oder Erklärung bedürfen (Folien müssen nicht unbedingt selbsterklärend sein).
- Nach dem „Ausblenden" ist die Information visuell nicht mehr gegenwärtig (Dokumentationsproblem).
- Ergänzungen auf vorbereiteten Folien dürfen den Gesamteindruck nicht negativ beeinträchtigen

5. Präsentation zu übergeordneten Gesichtspunkten (45 Min.)

Der Seminarleiter, Herr Böning, bringt zum Ausdruck, daß er mit dem bisherigen Seminarverlauf sehr zufrieden ist und ein freundlicher Grundton vorliege, trotz aller offenen Kritik in den Gruppen.

Jedoch:
- In der Praxis laufen Moderationen nicht immer so ruhig und diszipliniert ab wie im Seminar.
- Argumente werden oft nicht aufgegriffen.
- Meist gehen Beziehungen und die Suche nach Anerkennung vor den Inhalt und die Sachprobleme.
- Sachliche, politische, terminliche und finanzielle Zwänge gestalten die Situationen oft zusätzlich schwierig.

Bei Gruppen, die heterogen sind oder sich noch nicht ausreichend kennen, läuft die Ausbildung der Beziehungen nach dem 4-Phasen-Modell von Tuckman ab (siehe Abschnitt 3.1). Der Seminarleiter stellt es den Teilnehmern vor.

Ein weiteres wichtiges Element des Verhaltens von einzelnen in Gruppen ist das sogenannte Territorialverhalten. Die Zonen des individuellen Territoriums werden ebenfalls referiert.

2. Tag   Block 4

14.20 Uhr – 19.30 Uhr

1. Kleinstgruppenarbeit zur Moderationsvorbereitung (90 Min.)

Aufgabenstellung: Anhand einer Realsituation und unter Zuhilfenahme eines Handouts zum Thema soll der Ablauf einer Moderation dargestellt werden. Es soll ein Ablaufplan erarbeitet werden mit der Struktur:

- Zeitleiste
- Methoden
- Gründe für Methodenwahl und
- Ziele

2. Kleinstgruppenarbeit zur Moderationsvorbereitung (45 Min.)

   Aufgabe: Die Tandems stellen ihre erarbeiteten Moderationspläne in Sechsergruppen vor. Die jeweils übrigen Teilnehmer sollen auf Klarheit, Angemessenheit, Zeitplan, Alternativen achten. Anschließend werden die wesentlichen Ergebnisse zusammengefaßt und vor dem gesamten Plenum präsentiert. Die Stimmung in den Sechsergruppen ist sehr lebhaft.

3. Plenum zur Moderationsvorbereitung (45 Min.)

   Ergebnisse der Kleinst- und Kleingruppenarbeit:
   - Intensive Vorbereitung notwendig
   - Ziele klar definieren und darstellen
   - Zeitrahmen großzügig (realistisch) wählen, verdeckte Pufferzeiten einbauen
   - Alternative Methoden vorbereiten

4. Einzelarbeit zur Moderationsvorbereitung (15 Min.)

5. Moderationsübung (50 Min.)

   Moderationsübung von drei Teilnehmern zu den von den einzelnen vorbereiteten Themen im Rahmen von drei Kleingruppen von je fünf Teilnehmern. Anschließend Feedback

6. Einzelarbeit zur Aufarbeitung (10 Min.)

   Aufgaben:
   - Die fünf wichtigsten Regeln aus der Erfahrung der Übung heraus formulieren.
   - Persönliche Stärken und Schwächen charakterisieren.

7. Kleingruppenarbeit (15 Min.)

   Austausch und Diskussion der Erfahrungen in den Dreier-Gruppen.

3. Tag   Block 5

8.30 Uhr – 12.00 Uhr

1. Plenum (90 Min.): Moderationsübung

   Aufgabenstellung: Anknüpfen an die Inhalte der beiden ersten Tage und Visualisierung.
   Ein Teilnehmer übernimmt die Moderation und unterbreitet ein Konzept. Es wird von den andern nicht angenommen. Daraufhin arbeitet die Gruppe unmoderiert weiter. Die Protokolle der Vortage werden vorgetragen; die Flipcharts dazu zum Teil wieder aufgehängt. Die Gruppe einigt sich auf folgende Lernziele für den heutigen Tag:
   – Moderationstechniken üben
   – Umgang mit schwierigen Situationen
   – Verstärken der persönlichen Selbstsicherheit
   Arbeitsform sind Rollenspiele, bei denen ein Teil der Gruppe jeweils eine Moderationsszene spielt, während der Rest zuschaut.

2. Rollenspiel (20 Min.): Moderationsübung

   Thema: Abflachung der Hierarchie
   Rollen: Teilnehmer geschwätzig, stark emotional beteiligt und engagiert.
   Feedback nicht protokolliert.
   Ableitbare Regeln:
   – Moderator muß „in Aktion treten", aufstehen,
   – richtigen Einstieg finden,
   – keine negative Einstellung zur Gruppe haben,
   – nicht immer moderieren,
   – Gruppenmitglieder nicht abwerten.

3. Rollenspiel (20 Min.): Moderationsübung

   Thema: Fehlzeiten in der Instandsetzung reduzieren
   Rollen: Meister, die eher passiv in die Besprechung gehen.
   Feedback: Moderator fühlt sich mißverstanden, Gruppe empfindet die Diskussion als abgebrochen.
   Ableitbare Regeln:
   – Spielregeln vereinbaren,
   – Teilnehmer auch mehrmals aktivieren,

- Methoden wechseln,
- auch mit geringen Ergebnissen zufrieden sein,
- geduldig sein und nachfragen,
- nicht abwerten,
- Ablauf auflockern,
- abschrecken, aufschrecken

4. Rollenspiel (20 Min.): Moderationsübung

    Thema: Alternative Anlageinvestitionen
    Rollen: Teilnehmer, die nicht aufeinander eingehen.
    Feedback: Teilnehmer einzeln aktiviert, Kleingruppenarbeit mit fachlicher Unterstützung durch Moderator, Passivität überwunden.
    Ableitbare Regeln:
    - Je passiver die Gruppe, desto aktiver der Moderator.
    - Präzise Aufgabenstellung für Kleingruppenarbeit notwendig.

5. Rollenspiel (20 Min.): Moderationsübung

    Thema: Fünf Parkplätze sind abzugeben.
    Rollen: Teilnehmer greifen Moderator persönlich an.
    Feedback: Moderator beklommen durch Konfrontation, Gruppe empfindet ihn als aggressiv.
    Ableitbare Regeln:
    - Ziel klar formulieren,
    - alternative Vorgehensweisen parat haben,
    - mit Humor auflockern,
    - Aggressionen überhören und löschen,
    - Aggressionen nicht wörtlich und persönlich nehmen.

6. Rollenspiel (20 Min.): Moderationsübung

    Thema: Auslandseinsatz von Führungskräften
    Rollen und Feedback sind nicht protokolliert.
    Ableitbare Regeln:
    - Stimmung abfragen,
    - auf Beziehungsebene eingehen,
    - nochmals Spielregeln vereinbaren,
    - Methodenwechsel,
    - faire Partner suchen,

- klare Aufgaben stellen,
- auf Bedürfnisse der Teilnehmer achten.

7. Kleinstgruppenarbeit (5 Min.)

Aufgabe für die Zweiergruppe: Was waren die wichtigsten Erkenntnisse, Regeln und Erfahrungen? Ein Teilnehmer schildert seine Eindrücke, der andere notiert sie.

3. Tag   Block 6

13.00 Uhr bis Seminar-Ende

Zwei Moderationsübungen laufen parallel ab:

1. Moderationsübung (45 Min.)

Ein Teilnehmer erhält die Aufgabe, als Moderator mit der Gruppe zwölf Eigenschaften und Einstellungen zu erarbeiten, die einen guten Moderator charakterisieren.
Im Feedback wird dem guten Moderator folgendes bescheinigt:
Bezüglich seines Verhaltens:
- Flexibilität,
- Offenheit,
- Fairneß,
- Aktivierungspotential und
- Beobachtungsgabe; bezüglich seiner inneren Einstellung:
- positiv,
- vorurteilsfrei,
- problemorientiert,
- tolerant,
- sich und andere akzeptierend.

2. Moderationsübung (45 Min.)

Ein Teilnehmer erhält die Aufgabe, als Moderator mit der Gruppe den persönlichen, den allgemeinen und den gruppenbezogenen Nutzen des Seminars zusammenzutragen.
Ein Feedback ist nicht detailliert protokolliert. Die Rückmeldungen wurden im Plenum mündlich erörtert. Die Zufriedenheit mit dem Seminar ist groß,

der persönliche Nutzen und die Umsetzbarkeit werden als hoch eingeschätzt.

3. Verabschiedung (30 Min.)

Übung in Zweiergruppen (jeweils 5 Minuten): Was ist mir während der drei Tage an positiven und negativen Eigenschaften an meinem Gegenüber aufgefallen? Die Übung wird nacheinander mit drei verschiedenen Gesprächspartnern durchgeführt.
Danach folgt noch ein kurzes Schlußwort im Plenum.
Abreise.

6.2 Die Moderation am Beginn einer Krisensitzung

Anläßlich der Kündigung einer langjährigen und mit den Interna des Unternehmens gut vertrauten Führungskraft Ypsilon deutet sich eine offenbar breiter vorhandene Unzufriedenheit und Labilisierung innerhalb der oberen Führungskräfte an.

Nachdem die Vorstände in einer Reihe von Zweier- und Dreier-Gesprächen mit Ypsilon und anderen Führungskräften erste Hypothesen über Symptomatik, Ursachen und Lösungsansätze der Situation formuliert und erörtert haben, stellen sie fest:

– Ein vermuteter Teil des Problems ist ein schlechter gewordenes Vertrauensverhältnis zwischen Geschäftsleitung und Mitarbeitern.
– Die gemeinsame Arbeit im Unternehmen hängt vom Vertrauen zwischen allen Beteiligten ab.
– Die Situation ist schnellstmöglich in einer Mitarbeitersitzung zu klären und zu verbessern.

Die zehn Mitglieder der beiden obersten Führungsebenen werden daraufhin zu einer Sitzung einberufen. Zu deren Beginn werden auf Anregung der Teilnehmer folgende Spielregeln vereinbart:

1. Alle Beiträge sind gleich wichtig.
2. Die Teilnehmer verpflichten sich, gegenseitige Schuldzuweisungen zu vermeiden.
3. Die Teilnehmer haben das Recht, eine Auszeit zu beantragen, die die Sitzung für fünf Minuten unterbricht.
4. Die Teilnehmer verpflichten sich, ihre Aussagen und Positionen einer Reali-

tätsprüfung zu unterziehen.

Der Moderator schlägt vor, das Ziel der Sitzung zu klären. Die Gruppe verständigt sich darauf, die Kartenabfrage „Um welches Ziel soll es heute gehen?" durchzuführen. Die Sammlung der Karten und ihre gemeinsame Ordnung in „Klumpen" ergibt vier Zielkomplexe:

– Bestandsaufnahme,
– Klärung der Situation,
– Maßnahmen und
– Spaß an der Arbeit.

Diese werden in einen Themenspeicher übernommen und mit einer Mehrpunktabfrage bewertet, wie Abbildung 6-1 illustriert.

Um den Standort der Gruppe zu diesem Zeitpunkt besser zu bestimmen, folgt die Einpunkt-Stimmungs-Abfrage „Wie hoch schätzen Sie die Wahrscheinlichkeit, heute einige Schritte weiterzukommen?" (ebenfalls in Abbildung 6-1 wiedergegeben).

Zur Klärung der Situation stellt der Moderator erneut eine Kartenabfrage: „Wie sieht das Problem aus?". Sie ist in Abbildung 6-2 wiedergegeben. Der Themenspeicher enthält diesmal die Überschriften „Status Quo", „Vision", „Führung" und „Person Y". Der Moderator schlägt die Bildung von vier Kleinstgruppen vor, die je eines dieser Themen bearbeiten.

Der Arbeitsauftrag der ersten Gruppe lautet beispielsweise: „Präzisieren Sie die genannten Einzelprobleme, stellen Sie sie in einen Wirkungs-Zusammenhang, identifizieren Sie ein Kernproblem und präsentieren Sie Ihre Ergebnisse der Gesamtgruppe.

Da umfangreichere Recherchen zur Erledigung der Aufgaben notwendig sind und weil die anberaumte Sitzungszeit auch nahezu ausgeschöpft ist, vereinbaren die Teilnehmer einen neuen Sitzungstermin in drei Tagen, an dem die Ergebnisse der Arbeitsgruppen am Beginn der Tagesordnung stehen.

Kommentar:

Der Verlauf der Sitzung erbringt inhaltlich keine neuen Punkte, aber zwei wesentliche Ergebnisse:

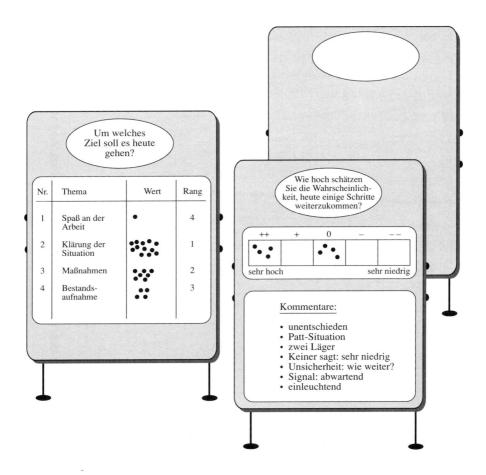

Abbildung 6-1: Am Beginn der Krisensitzung findet eine Zielvereinbarung statt.

– Erstens erhalten alle Beteiligten eine bisher nicht dagewesene Transparenz über den Stand der Probleme und Abläufe und
– zweitens führt die Problemaufarbeitung durch eine Moderation zu einem ruhigen Verlauf, in dem die tatsächlichen Konflikte wirklich auf den Tisch kommen.
 Die Dinge werden beim Namen genannt und aufgeschrieben, aber eine destruktive Aggressivität ist verhindert.

Nach diesem Einstieg in die Problemaufarbeitung sind die Probleme natürlich noch nicht geklärt, aber der konstruktive Verlauf ermutigt zu einem offenen Weiterbearbeiten der zur Klärung anstehenden Fragen. Eine defensive Klä-

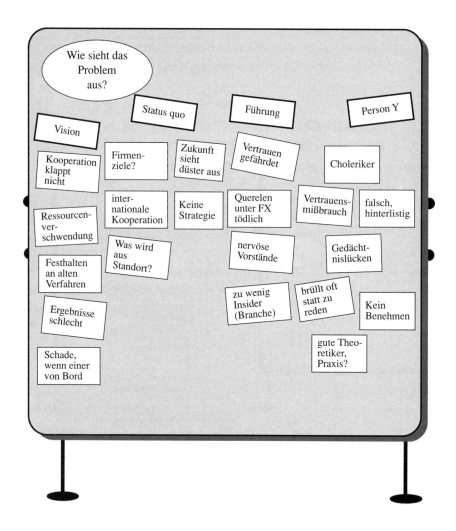

Abbildung 6-2: Im weiteren Verlauf wird die Problematik näher bestimmt.

rungsverweigerung oder der Ausbruch offener Feindseligkeiten sind nicht eingetreten.

Die Führungskräfte konnten nach diesem Einstieg leichter in die weitere Problembearbeitung einsteigen.

Der weitere Verlauf der Sitzung ist hier nicht dokumentiert.

6.3 Weiterbildung:
Ein Plenum mehrerer interdisziplinärer Arbeitsgruppen

Im Rahmen des Studienfachs „Technologie und Entwicklung in der Dritten Welt" wird an der TH Darmstadt eine Basis-Lehrveranstaltung angeboten, in der die Studenten Gelegenheit erhalten, Entwicklungsplanung an einem konkreten Projekt kennenzulernen. Sie „simulieren" die Planung einer Slumsanierung in Santo Domingo. Nachdem die etwa 40 Teilnehmer zu Beginn der Veranstaltung mit Informationsmaterial zur Situation im Projektgebiet versorgt worden sind, bilden sie fünf Kleingruppen mit je dem selben Arbeitsauftrag: Alle Aspekte der Sanierung sollen in einem qualifizierten Brainstorming gesammelt und anschließend strukturiert werden. Jede Arbeitsgruppe bereitet eine Präsentation für das anschließende Plenum vor.

Zu Beginn dieser Sitzung nennt und visualisiert der Moderator zunächst die Arbeitsziele:

– Eine Gesamtschau der in fünf studentischen Arbeitsgruppen zusammengetragenen Aspekte des Sanierungsprojektes,
– die Restrukturierung dieser Ergebnisse in einem gemeinsamen Bezugsrahmen und
– die Definition von Projektkomponenten, die als für die weitere Arbeit verbindlich verabschiedet werden können.

Weitere Vorbemerkungen stellen klar, daß die Referenten nicht in Konkurrenz zueinander stehen und von ihnen keine perfekten Entwürfe der Problematik erwartet werden.

Die beiden Referenten der ersten Gruppe berichten anhand einer Wandzeitung (Abbildung 6-3) über Verlauf und Ergebnis der Gruppendiskussion. Sie gliedern die Problematik des Slumgebietes in politische, bauliche, infrastrukturelle, soziale und ökonomische Teilprobleme. Sie demonstrieren, daß viele Einzelaspekte unter mehreren Überschriften auftauchen, die Kategorien also nicht trennscharf sind („Alles hängt mit allem zusammen"). Ihrer Auffassung nach gibt es weitere, alternative Kategorisierungen, wie nach Dringlichkeit der Probleme, Realisierbarkeit Trägern der Maßnahmen. Die Gruppe habe sich nach heftiger Diskussion nur mühsam auf den oben vorgestellten Katalog verständigt und stelle fest, daß es keine befriedigende Lösung gibt.

Der Moderator dankt den Referenten und hebt hervor, daß die Schwierigkeit

Wirtschaftliche Aspekte	Soziale Aspekte	Infrastruktur-Aspekte	Politische Aspekte	Bauliche Aspekte
Push & Pull-Effekte (überregional)	Push & Pull-Effekte (überregional)	Medizinische Versorgung	Legalisierung	Geographische Eingrenzung
Finanzierung	Medizinische Versorgung	Abfall und Abwasser	Bildung, Ausbildung	Abfall und Abwasser
Arbeitsplätze	Selbsthilfe	Trinkwasser	Verwaltungsaufbau	Trinkwasser
	Bildung, Ausbildung	Verwaltungsaufbau	Planung für Sanierung	Öffentliche Gebäude
	Bewußtsein	Sanierung	Bewußtsein	Sanierung
	Arbeitsplätze	Straßenausbau	Arbeitsplätze	Straßenausbau
	Mitbestimmung	Öffentliche Verkehrsmittel	Mitbestimmung	Wohnungsbau
	Bauanleitung	Nahrungsversorgung		Oberflächenentwässerung

Abbildung 6-3: Eine Arbeitsgruppe gliedert die Problemstruktur einer Slumsanierung nach angesprochenen Fachdisziplinen.

der Strukturierung bereits hier deutlich wird. Das Problem sperre sich offensichtlich, analytisch begriffen zu werden. Die Gruppe habe eine Gliederung nach „angesprochenen Fachdisziplinen" versucht.

Die drei Referenten der nächsten Arbeitsgruppe demonstrieren einen anderen Problemaufriß: Sie unterscheiden Problemkomplexe, mögliche Maßnahmen zu ihrer Lösung, direkt damit verbundene Praxisfragen und weiterführende Fragen (Abbildung 6-4). Sie berichten, daß die Praxisfragen jeweils „zuerst da-

Problemkomplexe	Mögliche Maßnahmen	Problemorientierte Fragen	Weiterführ. Fragen
1. Abwasser/	Getrenntes Abwassersystem: Abwassergruben + Klärung	Art und Dimensionierung der Abwasserentsorgung	
Trinkwasser	Trinkwasserbrunnen + Netz	Trinkwasserbedarf, Trinkwasserqualität	
2. Müll	Müllsammelstellen + Abfallverwertung	Art des Mülls, Öffentliche vs. private Organis.	
3. Straßen- und Wegebau	Asphaltierte Straßen mit Entwässerung	Ausbaugrad der Straßen	
4. Öffentlicher Transport	Kostenloser öffentlicher Nahverkehr		
5. Privathausbau	2geschossige Mehrfamilienhäuser	Materialbeschaffung, Landeskultur	Wohnungsbau notwendig?
6. Eigentum	Flächenaufteilung		Schenkung vs. Verkauf

Abbildung 6-4: Eine Arbeitsgruppe gliedert die Problemstruktur einer Slumsanierung nach möglichen analytischen Perspektiven.

gewesen" seien und die Maßnahmen und Problemkomplexe erst danach zugeordnet wurden. Diese Zuordnung sei schwierig, weil nicht eindeutig.

Der Moderator dankt den Referenten und stellt fest, daß mit dem vorliegenden Ergebnis eine zweite Dimension der Problemstruktur gegeben sei, die etwa als „analytische Perspektive" bezeichnet werden könnte. Inhaltlich haben beide Gruppen recht ähnliche Vorstellungen.

Die Referenten der dritten Gruppe greifen in ihrem Strukturierungsvorschlag die beiden vorhergehenden insofern auf, als sie einerseits vier „angesprochene Fachbereiche" unterscheiden, nämlich Ökonomie, Infrastruktur, Politik und Grundbedürfnisse, andererseits zwei Wandzeitungen vorstellen mit verschiedenen „analytischen Perspektiven", nämlich Zielen und Mitteln. Mit diesem pragmatischen Ansatz verbinden sie die Hoffnung, daß im Sanierungsgebiet „einfach mal was in Gang kommt". Die beiden Kategorien Ziele und Mittel bleiben im Ergebnis unverbunden nebeneinander stehen.

Der Moderator dankt für den Beitrag und stellt zwei Gesichtspunkte heraus: Die Gruppe habe gezeigt, daß die beiden schon identifizierten Strukturdimensionen miteinander vereinbar sind. Auch weise sie mit Recht daraufhin, wie mühsam jeder Strukturierungsversuch ist. Eine trennscharfe Kategorisierung innerhalb der Dimensionen gelingt jedoch nach wie vor nicht – insbesondere tauchen Mehrfachnennungen von Aspekten unter den Kategorien Ziele und Mittel auf.

Auch das Ergebnis der vierten Gruppe enthält beide Strukturdimensionen: „Angesprochene Fachdisziplinen" sind diesmal Wirtschaft, Soziales, Technik und Politik. „Analytische Perspektiven" der Arbeitsgruppe waren zunächst Ursachen und Folgen der Probleme. Weil diese jedoch nicht trennscharf zu unterscheiden waren oder geschlossene Wirkungsketten bildeten (das Henne-Ei-Problem), wurden sie wieder zu einer Perspektive zusammengefaßt. Die Zuordnung einzelner Aspekte zu Disziplinen wird erneut anhand einer Wandzeitung verdeutlicht.

Der Moderator dankt den Referenten und stellt die Konsequenz der Gruppe heraus, die nicht zu haltende Trennung von Ursachen und Folgen aufzugeben und eine Gesamtkategorie „Problemkomplexe" dafür einzuführen, wie es die zweite Gruppe auch – unbegründet – vorschlug.

Im Plenum wird nun darüber debattiert, ob Ursachen und Folgen innerhalb der Problematik einseitig verlaufen oder ob Folgen auch Rückwirkungen auf ihre Ursachen haben können und gleichzeitig Ausgangspunkte für neue Probleme sind. Das Plenum verständigt sich auf den Vorschlag der Arbeitsgruppe, Ursachen und Wirkungen nicht strikt zu trennen, sondern als begrifflichen Komplex „Probleme" beizubehalten. Ein Teilnehmer schlägt vor, auch Ziele und Mittel zu einer zweiten analytischen Gesamtkategorie zusammenzufassen, die man „Vorhaben" nennen könnte. Das Plenum stimmt dem zu.

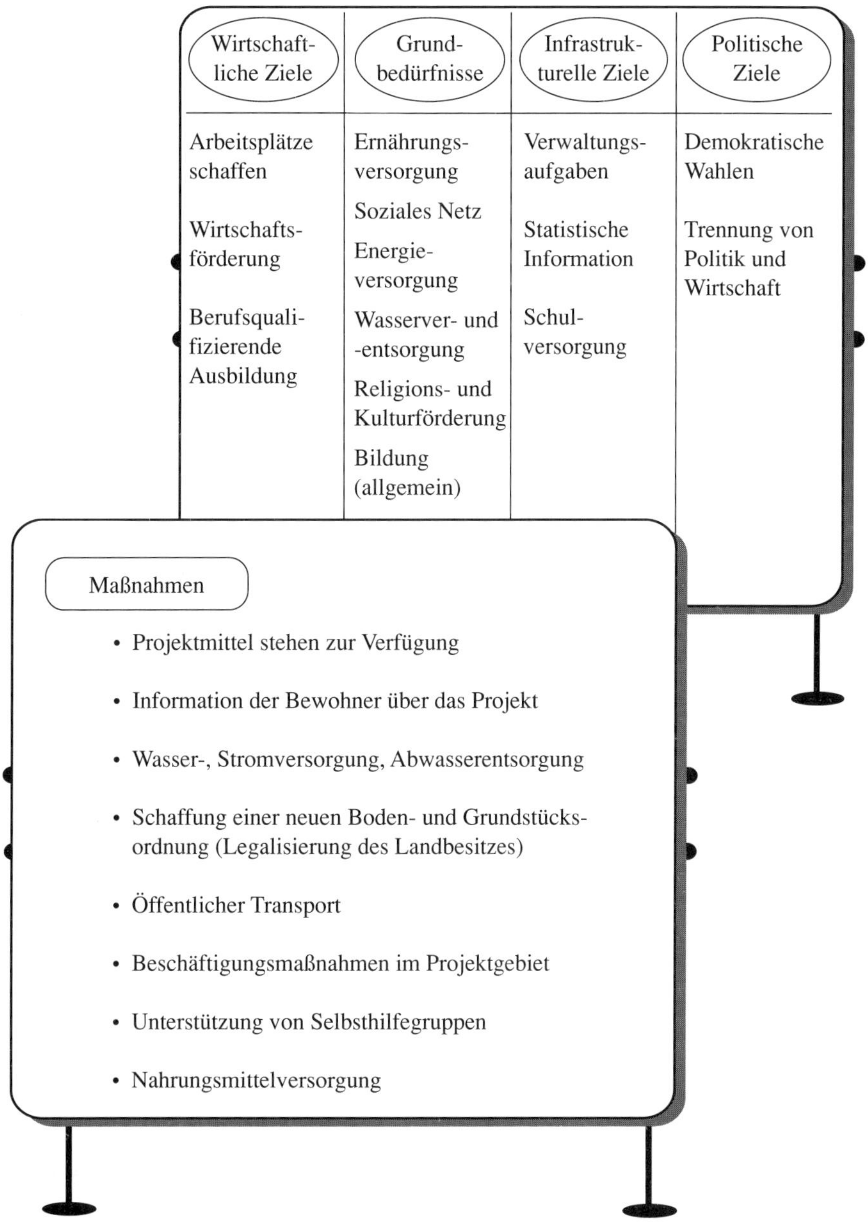

Wirtschaftliche Ziele	Grundbedürfnisse	Infrastrukturelle Ziele	Politische Ziele
Arbeitsplätze schaffen	Ernährungsversorgung	Verwaltungsaufgaben	Demokratische Wahlen
Wirtschaftsförderung	Soziales Netz	Statistische Information	Trennung von Politik und Wirtschaft
	Energieversorgung		
Berufsqualifizierende Ausbildung	Wasserver- und -entsorgung	Schulversorgung	
	Religions- und Kulturförderung		
	Bildung (allgemein)		

Maßnahmen

- Projektmittel stehen zur Verfügung
- Information der Bewohner über das Projekt
- Wasser-, Stromversorgung, Abwasserentsorgung
- Schaffung einer neuen Boden- und Grundstücksordnung (Legalisierung des Landbesitzes)
- Öffentlicher Transport
- Beschäftigungsmaßnahmen im Projektgebiet
- Unterstützung von Selbsthilfegruppen
- Nahrungsmittelversorgung

Abbildung 6-5: Eine Arbeitsgruppe gliedert die Ziele einer Slumsanierung nach angesprochenen Fachdisziplinen und erstellt einen Maßnahmenkatalog.

Wirtschaftliche Probleme	Soziale Probleme	Technische Probleme	Politische Probleme
Arbeitslosigkeit	Soziale Infrastruktur	Abwasserbeseitigung	Regierung
Landflucht	Überbevölkerung	Wasserversorgung	Öffentliche Verwaltung
Inflation	Landflucht	Müllabfuhr	Besetzung
Verschuldung	Bildungsmängel	Energieversorgung	Politische Handlungsfähigkeit
Abhängigkeit/Ausbeutung	Medizinische Versorgung	Standfestigkeit der Bauwerke	Kulturimperialismus
Fehlende/Vernachlässigte Mittelstände	Arbeitslosigkeit	Straßen	Zentrale Regierung
Einkommenskonzentration	Kriminalität	Öffentliche Verkehrsmittel	Mögliche Selbsthilfe
	Abhängigkeit/Ausbeutung	Umweltbelastung	

Abbildung 6-6: Eine Arbeitsgruppe gliedert die Problemstruktur einer Slumsanierung nach angesprochenen Fachdisziplinen.

Die beiden Referenten der letzten Gruppe berichten ebenfalls von einer ausführlichen und kontroversen Strukturierungsdiskussion in ihrer Arbeitsgruppe. Sie geben einer dritten Variante den Vorzug, der Gliederung von Aspekten nach der Dringlichkeit und stellen einen Acht-Punkte-Katalog nach Prioritäten vor. Sie erklären, daß jeder Punkt drei „Seiten" habe, nämlich eine technische, eine soziale und eine institutionelle. Entsprechend müßte analytisch und praktisch mit den einzelnen Punkten umgegangen werden.

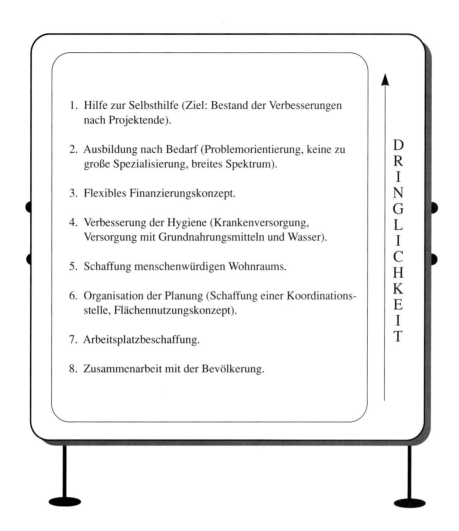

Abbildung 6-7: Eine Arbeitsgruppe gliedert die Problemstruktur einer Slumsanierung nach der Dringlichkeit.

Der Moderator kommentiert die vorgestellte Struktur als Erweiterung des bisher Diskutierten um eine dritte Dimension, die Priorität von Problemkomplexen bzw. Vorhaben. Die drei Seiten jedes Komplexes seien eine alternative Kategorisierung der angesprochenen Fachdisziplinen.

Die Wandzeitungen und Overhead-Folien zeigen – jetzt alle gleichzeitig sichtbar – ein buntes, vielfältiges Bild des Sanierungsprojektes.

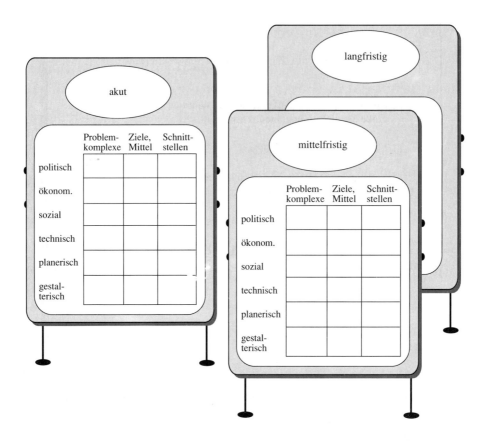

Abbildung 6-8: Die Gesamtschau der Probleme, Ziele und Prioritäten einer Slumsanierung folgt allen drei von den Arbeitsgruppen genannten Perspektiven.

Der Moderator betont vor diesem Hintergrund nochmals die Notwendigkeit der Restrukturierung. So aneinandergereiht seien die Gruppenergebnisse zuviel und zuwenig, nämlich zuviel an Einzelaspekten, für deren Bearbeitung die verbleibende Zeit nicht ausreiche und noch zuwenig an Struktur, mit der die Lage begreifbar und beeinflußbar werde. Die Restrukturierung sei allerdings im Laufe der Sitzung schon vorangetrieben worden, so daß die Gruppe jetzt direkt damit weiterarbeiten könne:

Die Teilnehmer entwerfen in der anschließenden Debatte folgendes Gesamtbild:

- Angesprochene Fachdisziplinen sind Ökonomie, Soziologie, Politologie, Ingenieurplanung, Bautechnik und Architektur/Gestaltung. Interdisziplinäre Arbeit muß von Einzeldisziplinen und deren Repertoire ausgehen und sie zu integrieren versuchen.
- Analytische Perspektiven sind Problemkomplexe (interdependente Ursache-Wirkungs-Strukturen), Projektkomponenten (interdependente Ziel-Mittel-Strukturen) und projektübergreifende Aspekte.
- Dringlichkeit bildet eine dritte Dimension der Gesamtlage im Sanierungsgebiet.

Dieses Raster aus drei Dimensionen ist zusammengesetzt aus allen fünf Gruppenergebnissen (Abbildung 6-6). Die Einzelaspekte werden anschließend von den Pinboards der Arbeitsgruppen in die Gesamtstruktur übertragen; die Karten werden umgehängt.

In einem Schlußwort stellt der Moderator abschließend fest, daß die in allen Gruppen gemachte Erfahrung, daß das Problem „Entwicklung in einer Slumsiedlung" nicht teilbar sei, nicht zuletzt eine Frage der Wissenschaftsstruktur darstelle. Interdisziplinäres Vorgehen bedeute in erster Linie, die Problematik so zu isolieren und zu strukturieren, daß sie bearbeitbar werde. Das sei dem Plenum gelungen.

Fazit: Es liegt nun eine strukturierte Sammlung von Dimensionen des Sanierungsprojektes vor, das im wesentlichen von den Studenten erarbeitet wurde. Der Vorteil liegt darin, daß am Kenntnisstand und dem Problembewußtsein der Teilnehmer angeknüpft wurde. Dies ist die Grundlage dafür, im nächsten Schritt den Blick dafür zu schärfen, welche Maßnahmen und Ziele praktisch realisierbar sind.

6.4 Theorie und Praxis: Ein Wort zum Abschluß

Eine richtige Moderation, Sie ahnen es längst, ist ein ausgesprochen schwieriges Geschäft. Sie kennen wahrscheinlich auch die Erfahrung, daß Leute in scheinbar gut geleiteten Sitzungen nicht viel oder nichts Konkretes sagen. Die Sitzung ist dann zu Ende, die Leute gehen raus – und draußen wird dann in kleinen Gruppen über die Abläufe, den Besprechungsleiter oder über das mangelnde Ergebnis hergezogen. Man distanziert sich von dem Geschehen.

Das anders zu machen, ist nicht einfach, und deshalb habe ich Verständnis, wenn nicht jede Sitzung gelingt.

Ich finde es sehr wichtig, daß der Moderator sich so auf die Gruppe einstellt, daß auch Lust entsteht, einfach Arbeitslaune. Wenn der Moderator partout etwas anderes will als die Gruppe, wenn er zu wenig auf sie eingeht und stattdessen in platter Weise ein Instrumentarium abspult, dann kann das zur langfristigen Demotivation führen.

Was mich persönlich nicht ungeduldig macht, ist die angeblich viele Zeit, die eine Moderation kostet. Ich erlebe das oft eher als wohltuend und beruhigend, verglichen mit der Hektik vieler Alltags-Besprechungen. Ich glaube, daß Moderation emotional auch etwas Beruhigendes darstellt. Entscheidend ist ja auch nicht das formulierte Ergebnis allein, sondern die Umsetzung derselben. Und wenn ich bedenke, wie oft sich gerade in dieser Phase der Umstand rächt, daß man sich anfangs nicht genügend Zeit für die innere Zustimmung der Besprechungsteilnehmer nahm, dann denke ich: Lieber in der Besprechung mehr Zeit genommen und anschließend eine Umsetzung, die die Teilnehmer innerlich tragen, als eine kurze Diskussion und ein langer, nicht ausgeräumter Widerstand!

Störend kann aber durchaus auch die konkrete Performance der Gruppe sein: Wenn sich zum Beispiel unreife Teilnehmer an den Moderator wenden und von ihm eine Omnipotenz erwarten im Hinblick auf die zu lösenden Probleme, die er natürlich nicht haben kann. Oder wenn die Gruppe hartnäckig ihre Aufgaben an den Moderator delegiert und selbst zu wenig mitarbeitet. So wird der Moderator gerade in die Rolle von Fernsehmoderatoren gedrängt.

Somit sind wir den Themenkreis der Moderation einmal abgegangen. Wir haben Moderation als zielgerichtete Prozeßsteuerung definiert, die Rolle des Moderators und seine Qualifikationen umrissen, die Rolle der Teilnehmer und deren Voraussetzungen benannt, Techniken beschrieben, den Moderationsprozeß in seinen Phasen analysiert und schließlich über einige Erfahrungen berichtet.

Immer wieder war festzustellen, daß Moderation etwas sehr Prozeßhaftes und Situationsabhängiges ist. Eines der Wesensmerkmale des Moderators war es beispielsweise, unauffällig im Hintergrund zu bleiben. Solche Aspekte sind natürlich nur sehr begrenzt mit einem Buch transportierbar.

Zum einen gibt es einen Überblick über die Techniken der Moderation und macht einiges aus dem Handwerkskasten transparent und benutzbar. Zum andern werden die emotionalen Wirkungen und Prozesse, Aspekte der Kommunikation und Gruppendynamik begreifbar gemacht, indem hier Modelle dazu skizziert und Anregungen gegeben werden. Diese werden aber damit noch nicht direkt erlebbar.

Da hilft eben nur konkrete Erfahrung und die Übung mit der Methode.

Dabei ist das Buch hoffentlich eine Orientierungshilfe.

Anmerkungen

1 Vgl. insoweit Völker, U., Grundlagen der Humanistischen Psychologie, in: Ders. (Hrsg.), Humanistische Psychologie, Weinheim-Basel 1980, S.15-20.
2 Schnelle, E., zitiert in: Gottschall, D., Management optimal, München 1987, S.145.
3 Vgl. Dahl, R.A./Lindblom, L., Sieben Ziele der Gesellschaftspolitik, in: Gäfgen, G. (Hrsg.), Grundlagen der Wirtschaftspolitik, Göttingen 1969.
4 „Der Inhaltsaspekt vermittelt die „Daten", der Beziehungsaspekt weist an, wie diese Daten aufzufassen sind." Watzlawick, P./Beavin, J.H./Jackson, D.D., Menschliche Kommunikation, 3. Auflage, Bern-Stuttgart-Wien 1972, S.55. Dabei handelt es sich um ein grundlegendes Buch, das die Kommunikationsanalyse wesentlich mit beeinflußt hat.
5 Vgl. Schulz von Thun, F., Miteinander reden, Störungen und Klärungen, Reinbek 1981. In diesem Buch wird das ursprüngliche „Watzlawick-Modell" weiter ausdifferenziert.
6 Ebenda, S.30.
7 Ein plausibles theoretisches Konzept zur Erklärung dieser Einstellungen liegt im Rahmen der Transaktionsanalyse vor. Vgl. Harris, T.A., Ich bin o.k. – du bist o.k., Reinbek 1979, S.54-72. Zur Bedeutung des Selbstwertgefühls in der Kommunikation vgl. Birkenbihl, V.F., Kommunikationstraining, 5. Auflage, München 1984, S.21-45.
8 Birkenbihl, V.F., Signale des Körpers und was sie aussagen, München 1979, S.160. Zu den einzelnen Umgebungszonen vgl. ebenda, S.139-160.
9 Das im Bezugsrahmen der klassischen Psychologie von Anna Freud systematisch erarbeitete Konzept der Abwehrmechanismen befaßt sich eigentlich mit intra-individuellen Vorgängen, nämlich der Abwehr von Es-Impulsen, die das Ich als gefährlich wahrnimmt. Die Übertragung auf interindividuelle Prozesse ist zwar plausibel, bedarf aber einer weiteren theoretischer Fundierung.
10 Herkner, W., Einführung in die Sozialpsychologie, Bern 1983, S.506.
11 Vgl. Sbandi, P., Einführung in die Wirklichkeit der Gruppendynamik aus sozialpsychologischer Sicht, München 1973.
12 Vgl. Argyle, M., Soziale Interaktion, Köln 1972.
13 Ein Beispiel für letzteres ist die Beobachtung, daß ein gemeinsamer

Feind eint, auch wenn die Gruppe ansonsten sehr inhomogen ist. Systematischer: Bales, R.F./Cohen, S.P./Williamson, S.A., Ein System für die mehrstufige Beobachtung von Gruppen, Stuttgart 1982.
14 Der Kommunikationsexperte Schulz von Thun stellte seinerzeit sogar fest, daß nur ca. 10% selbst der Lehrer und Lehramtsstudenten Informationen gut verständlich verfassen konnten. Schulz von Thun, F., Miteinander reden, Reinbek 1977, S.32.
15 Siehe Abschnitt 5.6.
16 Klebert, K./Schrader, E./Straub, W.G., KurzModeration, Hamburg 1985, S.161.
17 Rüßmann, K.-H., Heerschau der Macher, in: Manager Magazin (1989), H.1, S.114 f.
18 Ebenda, S.116.
19 Schnelle, E. Der Informationsmarkt. Eine Metaplan-Methode, Quickborn 1981.
20 Vgl. ebenda, S. 9-12.
21 Ebenda, S.14.
22 Rüßmann, K.-H., Heerschau der Macher, a.a.O., S. 117.
23 Ebenda, S. 116.

Literaturverzeichnis

Ammelburg, G.: Konferenztechnik, Düsseldorf 1988.
Ammelburg, G.: Sprechen – Reden – Überzeugen, Gütersloh 1976.
Argyle, M.: Soziale Interaktion, Köln 1972.
Arlt, F.: Die Schule der Diskussion, Köln 1975.
Bales, R.F./Cohen, S.P./Williamson, S.A.Williamson, S.A.: Ein System für die mehrstufige Beobachtung von Gruppen, Stuttgart 1982.
Bennet, D.: Im Kontakt gewinnen, Heidelberg 1977.
Berne, E.: Spiele der Erwachsenen, 6. Auflage, Reinbek 1974.
Birkenbihl, V.F.: Kommunikationstraining, 5. Auflage, München 1984.
Birkenbihl, V.F.: Signale des Körpers und was sie aussagen, München 1979.
Bödiker, M.-L./Lange, W.: Gruppendynamik. Trainingsformen, Techniken, Fallbeispiele, Auswirkungen im kritischen Überblick, Reinbek 1975.
Cohn, R.: Von der Psychoanalyse zur themenzentrierten Interaktion, Stuttgart 1975.
Crisand, E.: Psychologie der Gesprächsführung, Heidelberg 1982.
Dahl, R.A./Lindblom, L.: Sieben Ziele der Gesellschaftspolitik, in: Gäfgen, G. (Hrsg.), Grundlagen der Wirtschaftspolitik, Göttingen 1969.
Freud, A.: Das Ich und die Abwehrmechanismen, 9. Auflage, München 1977.
Gottschall, D.: Management optimal, München 1987.
Harris, T.A.: Ich bin o.k. – du bist o.k., Reinbek 1979.
Heigl-Evers, A.: Gruppendynamik – lehrbar und lernbar, in: Heigl-Evers, A. (Hrsg.), Gruppendynamik, Göttingen 1973, S.25-29.
Heigl-Evers, A./Heigl, F.: Gruppenposition und Lernmotivation, in: Heigl-Evers, A. (Hrsg.), Gruppendynamik, Göttingen 1973, S.37-48.
Herkner, W.: Einführung in die Sozialpsychologie, Bern 1983,.
Hofstätter, P.R.: Gruppendynamik, Hamburg 1957.
Hüsch, H.-D.: Und sie bewegt mich doch, Mainz 1986
Illies, J.: Bioloie und Evolution der Gruppendynamik, in: Heigl-Evers, A. (Hrsg.), Gruppendynamik, Göttingen 1973, S.130-143.
Kaiser, F.J.: Entscheidungstraining, Bad Heilbrunn 1973.
Kiehne, D.: Der erste Schritt ist immer der schwerste, in: Manager Magazin (1984), H.5, S.140-149.
Klebert, K./Schrader, E./Straub, W.G.:ModerationsMethode, Hamburg 1984.

Klebert, K./Schrader, E./Straub, W.G.: KurzModeration, Hamburg 1985.

Laing, R.D.: Liebst Du mich?, Köln 1982

Lay, R.: Führen durch das Wort, Reinbek 1981.

Lay, R.: Dialektik für Manager, Reinbek 1976.

Meier, H.: Zur Geschäftsordnung – Technik und Taktik bei Versammlungen, Sitzungen und Diskussionen, München 1978.

Naisbitt, J.: Megatrends, New York 1982.

Rüßmann, K.-H.: Heerschau der Macher, in: Manager Magazin (1989), H.1, S.114-118.

Sbandi, P.: Einführung in die Wirklichkeit der Gruppendynamik aus sozialpsychologischer Sicht, München 1973.

Scherrer, K.: Nonverbale Kommunikation, Heidelberg 1970.

Schnelle, E.: Metaplan-Gesprächstechnik. Kommunikationswerkzeug für die Gruppenarbeit, Quickborn 1982.

Schnelle, E.: The Metaplan-Method. Communication Tools for planning and learning Groups, Quickborn 1979.

Schnelle, E. (Hrsg.): Der Informationsmarkt – eine Metaplan-Methode, Quickborn 1981.

Schnelle, E./Stoltz, I.: Interaktionelles Lernen – Leitfaden für die Moderation lernender Gruppen, Quickborn 1978.

Schnelle-Cölln, T.: Visualisierung – Die optische Sprache für problemlösnede und lernende Gruppen, Quickborn 1979.

Schulz von Thun, F.: Miteinander reden, Störungen und Klärungen, Reinbek 1981.

Stroebe, R.: Unveröffentlichtes Seminarbegleitmaterial, Wörthsee 1980.

Svensson, A.: Bemerkungen zum Dependenz-Konzept und zu Interaktionsformen in Gruppen, in: Heigl-Evers, A. (Hrsg.), Gruppendynamik, Göttingen 1973, S.58-76.

Völker, U.: Grundlagen der Humanistischen Psychologie, in: ders. (Hrsg.), Humanistische Psychologie, Weinheim-Basel 1980, S.15-20.

Watzlawick, P./Beavin, J.H./Jackson, D.D.: Menschliche Kommunikation, 3. Auflage, Bern-Stuttgart-Wien 1972, S.55.

Abbildungsverzeichnis

Abbildung 0-1: Einschätzung von 170 Experten zum Erscheinungsbild des „Managers von morgen"
Abbildung 0-2: Gedankenflußplan des Buches
Abbildung 1-0: Gedankenflußplan zum 1. Kapitel
Abbildung 1-1: Die Prinzipien der Moderations-„Philosophie"
Abbildung 1-2: Moderation wirkt auf Gruppenprozesse als zielorientiert regelnde Instanz.
Abbildung 1-3: Warnung: Die Moderationsmethode ist nicht in allen Situationen angemessen.
Abbildung 1-4: Die Einsatzmöglichkeiten der Moderationsmethode erstrekken sich über ein weites Spektrum von Themen und Teilnehmern.
Abbildung 1-5: Wölkchen spielen traditionell in der Moderationsmethode eine wichtige Rolle. Moderatoren mit sanfter Stimme, hellem Blick und schwebender Gestalt arbeiten besonders erfolgreich mit ihnen.
Abbildung 2-0: Gedankenflußplan zum 2. Kapitel
Abbildung 2-1: Gegenüberstellung des idealen und des realen Moderatorenprofils
Abbildung 2-2: Die Verhaltensanforderungen an Moderatoren sind vielfältig.
Abbildung 2-3: Der ideale Moderator kann sich bei Bedarf in verschiedenen Rollen gleichzeitig bewegen, verfügt über bis zu sechs Arme, drei Köpfe, zwölf Ohren und kann dabei singen, lachen und weinen.
Abbildung 2-4: Kommunikation findet stets auf zwei Ebenen statt: Die Sachebene ist direkt wahrnehmbar. Die Beziehungsebene liegt, nur mittelbar wahrnehmbar, „darunter".
Abbildung 2-5: Auf der Beziehungsebene der Kommunikation sind nochmals drei Aspekte einer Nachricht zu unterscheiden. Ihr „Sender" kann sie anders meinen als der „Empfänger" sie wahrnimmt.
Abbildung 2-6: Der Beziehungsaspekt der Kommunikation umfaßt seinerseits fünf unterscheidbare Elemente.

Abbildung 2-7: Verschiedene Grundeinstellungen des Moderators wirken sich unterschiedlich auf sein Verhalten aus.

Abbildung 2-8: Verschiedene Grundeinstellungen der Beteiligten wirken sich unterschiedlich auf den Gruppenprozeß aus.

Abbildung 2-9: Gute Moderatoren sollen die Sprache der Teilnehmer verstehen und sprechen können.

Abbildung 2-10: Ein guter Moderator aktiviert die Gesprächspartner und ermutigt sie zum Weiterdenken. Nur wer seine eigene Meinung zur Geltung bringen kann, ist auch selbst offen für die Auffassungen anderer.

Abbildung 2-11: „Ich-Botschaften" und „Du- (Sie-) Botschaften"

Abbildung 2-12: Einstellungen von „Ich-Botschaften" und „Du- (Sie-) Botschaften"

Abbildung 2-13: Beispiele für „Du- (Sie-) Botschaften" und ihre „Übersetzung" in „Ich-Botschaften"

Abbildung 3-0: Gedankenflußplan zum 3. Kapitel

Abbildung 3-1: Merkmale eines erfolgreichen Teams

Abbildung 3-2: Merkmale eines weniger leistungsfähigen Teams

Abbildung 4-0: Gedankenflußplan zum 4. Kapitel

Abbildung 4-1: Behaltensgrade von Informationen

Abbildung 4-2: „Klassische" Visualisierung von Naisbitts Megatrends

Abbildung 4-3: „Alternative" Visualisierung von Naisbitts Megatrends

Abbildung 4-4: Diese Visualisierung der persönlichen Stimmung zu mehreren Zeitpunkten eines moderierten eineinhalbtägigen Seminars zeigt, wie sich mehr und mehr eine „gemeinsame" Stimmung aufbaut und daß diese Stimmung im Verlauf des Seminars ansteigt.

Abbildung 4-5: Diese Visualisierung des Meinungsbildes zu mehreren Zeitpunkten eines moderierten eineinhalbtägigen Entscheidungs-Workshops zeigt, wie sich mehr und mehr eine „gemeinsame" Position aufbaut, und wo diese Position liegt.

Abbildung 4-6: Einige Visualisierungsregeln gelten fast immer und unabhängig davon, welches Medium Sie speziell einsetzen.

Abbildung 4-7: Einprägsamer als dreizehn Visualisierungsregeln sind sechs allgemeine Informationsgrundsätze.

Abbildung 4-8: Zur Präsentationsvorbereitung stellen Sie sich ein paar einfache Fragen.

Abbildung 4-9:	Einige Zeit später ist derselbe Moderator in der Lage, die wichtigsten Präsentationsregeln zu formulieren.
Abbildung 4-10:	Probieren Sie den Gebrauch des Flipcharts einfach aus!
Abbildung 4-11:	Beachten Sie auch beim Gebrauch des Pinboards einige Regeln!
Abbildung 4-12:	Overheadfolien sind nicht nur transparent, sondern auch aus anderen Gründen gut als Medium für Präsentationen geeignet.
Abbildung 4-13:	Auch bei der Gestaltung von Overheadfolien sind einige Regeln zu beachten.
Abbildung 4-14:	Der Einsatz von Handouts muß bei der Vorbereitung bedacht werden.
Abbildung 4-15:	Fragen machen vieles sichtbar.
Abbildung 4-16:	Fragen folgen unterschiedlichen Intentionen im Moderationsprozeß.
Abbildung 4-17:	Fragen haben unterschiedliche Funktionen im Moderationsprozeß.
Abbildung 4-18:	Hilfreiche Regeln für das Fragen-Stellen.
Abbildung 4-19:	Bei der Moderationsmethode kommen verschiedene Abfragetechniken zum Einsatz.
Abbildung 4-20:	Die hier zusammengestellten Beispiele für Einpunkt-Abfragen zeigen unterschiedliche Visualisierungsansätze und Skalen für die Punkte-Zuordnung.
Abbildung 4-21:	In diesem Beispiel ist eine Mehrpunkt-Abfrage durchgeführt worden, um einen Themenspeicher in eine Tagesordnung zu verwandeln.
Abbildung 4-22:	Zurufabfragen sind angebracht, wenn überschaubare Informationsmengen zu erwarten sind, wie es in diesen beiden Anwendungsbeispielen der Fall ist.
Abbildung 4-23:	Kartenabfragen sind angebracht, wenn schwer überschaubare Informationen zu erwarten sind, wie es in diesem Beispiel der Fall ist.
Abbildung 5-0:	Gedankenflußplan zum 5. Kapitel
Abbildung 5-1:	Das Phasenschema moderierter Arbeitstreffen ist eine wesentliche Orientierungshilfe.

Abbildung 5-2:   Mit Hilfe einer systematischen Besprechungs-Vorbereitung wird eine Vielzahl äußerer Bedingungen mit der Thematik der Sitzung abgestimmt.
Abbildung 5-3:   Diese Checklisten dienen der Moderationsvorbereitung.
Abbildung 5-4:   Die Projektgruppe „Weihnachtsfeier" stellt sich mit ihrem Gruppenspiegel vor.
Abbildung 5-5:   Die Projektgruppe „Fertigungssteuerung" stellt sich mit ihrem Gruppenspiegel vor.
Abbildung 5-6:   Der Leiter der Abteilung „Organisation und Datenverarbeitung" stellt sich mit dieser Selbstpräsentation der Gruppe vor.
Abbildung 5-7:   Stimmungsabfragen können in Form einer geschlossenen Einpunkt-Abfrage oder als offene Frage gestellt werden.
Abbildung 5-8:   Erwartungsabfragen können in Form einer geschlossenen Einpunkt-Abfrage oder als offene Frage gestellt werden.
Abbildung 5-9:   Welche Instrumente Sie in der Orientierungsphase einsetzen können, hängt von zwei Vorbedingungen ab.
Abbildung 5-10: Der Themenkatakog einer Sitzung zur geplanten PC-Einführung läßt noch Platz für weitere Vorschläge der Teilnehmer.
Abbildung 5-11: Die Spieler des Fußballvereins „Schlappekicker" haben rechtzeitig vor Spielbeginn einen Problemspeicher erstellt.
Abbildung 5-12: Die Tagesordnung des Gemeindeparlaments liegt schon vor Sitzungsbeginn fest.
Abbildung 5-13: Der thematische Einstieg erfolgt häufig mit einer Einpunkt-Abfrage.
Abbildung 5-14: Zur Erfassung möglichst vieler Aspekte eignet sich die Kartenabfrage am besten.
Abbildung 5-15: Ein Themenspeicher wird häufig im Anschluß an eine Kartenabfrage aufgestellt. Sein Layout folgt meist dem hier gezeigten Muster.
Abbildung 5-16: Zur Zielvereinbarung wird hier eine Zurufabfrage eingesetzt.
Abbildung 5-17: Phasenschema DALLAS
Abbildung 5-18: Phasenschema LOVER
Abbildung 5-19: Standtypen auf einem Informationsmarkt
Abbildung 5-20: Zeitablauf eines Informationsmarktes

Abbildung 5-21: Topographische Marktdarstellung
Abbildung 5-22: Beispiel für eine Stand-Dramaturgie von 180 Minuten Dauer
Abbildung 5-23: Nach einer gemeinsam moderierten Sitzung analysieren die beiden Moderatoren die zustandegekommenen Sachergebnisse.
Abbildung 5-24: Ebenso wichtig wie die Analyse der Sachergebnisse ist die Analyse des Gruppenprozesses.
Abbildung 5-25: Schließlich nimmt der gewissenhafte Moderator auch eine Analyse seiner Selbststeuerung vor.
Abbildung 6-1: Am Beginn der Krisensitzung findet eine Zielvereinbarung statt.
Abbildung 6-2: Im weiteren Verlauf wird die Problematik näher bestimmt.
Abbildung 6-3: Eine Arbeitsgruppe gliedert die Problemstruktur einer Slumsanierung nach angesprochenen Fachdisziplinen.
Abbildung 6-4: Eine Arbeitsgruppe gliedert die Problemstruktur einer Slumsanierung nach möglichen analytischen Perspektiven.
Abbildung 6-5: Eine Arbeitsgruppe gliedert die Ziele einer Slumsanierung nach angesprochenen Fachdisziplinen und erstellt einen Maßnahmenkatalog.
Abbildung 6-6: Eine Arbeitsgruppe gliedert die Problemstruktur einer Slumsanierung nach angesprochenen Fachdisziplinen.
Abbildung 6-7: Eine Arbeitsgruppe gliedert die Problemstruktur einer Slumsanierung nach der Dringlichkeit.
Abbildung 6-8: Die Gesamtschau der Probleme, Ziele und Prioritäten einer Slumsanierung folgt allen drei von den Arbeitsgruppen genannten Perspektiven.

Uwe Böning, Jahrgang 1947, Diplom-Psychologe, arbeitete ab 1978 als Management-Berater und Führungskräfte-Trainer für renommierte Großfirmen und mittelständische Unternehmen. Seit 1985 ist er einer der beiden geschäftsführenden Gesellschafter der BÖNING-TEAM GmbH, eines der führenden Institute für Management-Beratung, Führungskräfte-Training und Organisationsentwicklung. Er gilt als erfahrener und erfolgreicher Moderator und wird von Unternehmen gerade für die Begleitung von schwierigen Besprechungen und die Beratung in komplizierten Entwicklungsprozessen engagiert.

Stefan Oefner-Py, Jahrgang 1956, Diplom-Wirtschaftsingenieur, war zunächst vier Jahre lang freier Mitarbeiter der Medienforschung des Zweiten Deutschen Fernsehens und ist seit mehr als zwei Jahren Mitarbeiter bei BÖNING-TEAM. Er ist außerdem Lehrbeauftragter an der Technischen Hochschule Darmstadt. Seine Arbeitsschwerpunkte sind empirische Wirtschafts- und Sozialforschung, Führungs- und Organisationstheorie, internationale Wirtschaft und Entwicklungspolitik.

Wertvolle Ratgeber zum Thema „Unternehmensführung"

Heinz Benölken/Peter Greipel
Dienstleistungsmanagement
Service als strategische Erfolgsposition
1990, 243 Seiten, 68,– DM

Walter Böckmann
Vom Sinn zum Gewinn
Eine Denkschule für Manager
1990, 196 Seiten, 58,– DM

Peter Heintel/Ewald E. Krainz
Projektmanagement
Eine Antwort auf die Hierarchiekrise?
2. Aufl. 1990, X, 254 Seiten, 68,– DM

Jens-Martin Jacobi
13 Leitbilder des Managers von morgen
Stärken, Potential, persönliche Ausstrahlung
1989, 140 Seiten, 38,– DM

Ingrid Keller
Das CI-Dilemma
Abschied von falschen Illusionen
1990, 146 Seiten, 64,– DM

Arthur D. Little International (Hrsg.)
Management der Hochleistungsorganisation
1990, XXIII, 167 Seiten, 68,– DM

Rudolf Mann
Das visionäre Unternehmen
Der Weg zur Vision in zwölf Stufen
1990, 190 Seiten, 48,– DM

Adrian P. Menz
Menschen führen Menschen
Unterwegs zu einem humanen Management
1989, 232 Seiten, 68,– DM

Gilbert J. B. Probst/Peter Gomez
Vernetztes Denken
Unternehmen ganzheitlich führen
1989, X, 239 Seiten, 49,80 DM

Wolfgang Saaman
Effizient führen
Mitarbeiter erfolgreich machen
1990, 193 Seiten, 58,– DM

Christian Scholz/Wolfgang Hofbauer
Organisationskultur
Die vier Erfolgsprinzipien
1990, 229 Seiten, 68,– DM

Dieter Schulz/Wolfgang Fritz/
Dana Schuppert/Lothar J. Seiwert
Outplacement
Personalfreisetzung und Karrierestrategie
1989, 180 Seiten, 64,– DM

Gerhard Schwarz
Konfliktmanagement
Sechs Grundmodelle der Konfliktlösung
1990, 191 Seiten, 58,– DM

Jörn F. Voigt
Familienunternehmen
Im Spannungsfeld zwischen Eigentum
und Fremdmanagement
1990, 167 Seiten, 58,– DM

Zu beziehen über den Buchhandel
oder den Verlag.
Stand der Angaben und Preise: 1.11.1990
Änderungen vorbehalten.

GABLER

BETRIEBSWIRTSCHAFTLICHER VERLAG DR. TH. GABLER, TAUNUSSTRASSE 54, 6200 WIESBADEN